# 日本大逆転

元東京・ソウル支局長
ヘンリー・ストークスが語る
日朝関係史

*The Protectorate Peninsular*
*How Japan Dealt with the Threat from North*

ハート出版

元東京・ソウル支局長
ヘンリー・ストークスが語る日朝関係史

# 日本大逆転

# 序章　常に強いほうに媚びる朝鮮半島の歴史

国際ジャーナリスト　藤田裕行

## トランプは、カードを切った！

朝鮮戦争は休戦しているだけで、戦争はいまも終わっていない。

その戦時中にあって、連合国（国連）側の主力・アメリカの大統領と、戦時中の敵国である北朝鮮のトップが、「和平会談」を実現した。これは、極めて異例な出来事だ。

トランプ大統領は、アメリカの保守派からも反トランプ陣営からも、メディアからも、あらゆる批判を浴びせかけられている。

しかし、批判はそれぞれに論じるところがあるだろうが、世界史的にも異例、かつ「和平」に至るかもしれない会談を、戦時中の敵対陣営の最高司令官同士が実現させた。日本の使命は、この歴史的展開をチャンスに結びつけ、北朝鮮に拉致された日本人を奪還することにある。

トランプ大統領も言うように、騙されているかもしれない。「口約束は反故《ほご》」にされ、元の木阿弥で再度の戦闘に至るかもしれない。

実は、北朝鮮相手では、「契約」だって何度も反故にされてきたから、たとえ騙されたとしても、いままでと同じ過程が繰り返されるだけだ。

トランプは、一枚のカードに、勝負を賭けた。トランプは、なかなかの博徒だ。

一枚のカードとは、相手は「生き延びて、金もうけがしたい」というものだ。

アメリカのトランプ大統領も、北朝鮮の金正恩《きんしょうおん》委員長も、強欲な男だ。聖人君子とは、対極にある人間と言ってもいい。金もうけが好き。豪奢を好む。美女を侍《はべ》らすのが趣味と、よく似ている。どちらもギャングのボス風。それが国家元首になっている。

契約書の文面だけを整えても、「そんなの関係ない」と言えるぐらいのふてぶてしいところも、よく似ているのかもしれない。

そんな二人は、思った。

「戦争よりも、一緒に組んで金もうけをしよう。そのほうが、お互いの王朝にとってプラスだ」

二人は、ウィン・ウィンの創造的問題解決の「解」を、そこに見いだした。

## この合意は「宣戦布告」のようなもの

コロンビア大学教授で政治学者のジェラルド・カーチス氏は、「日本でも、アメリカでも米朝合意への批判が多すぎる」と述べたと言う。私もそう思う。

確かに、細かい点での詰めは甘い。そこだけをとれば、「小学生でも、もっとまともな合意文書を書ける」という批判も確かだ。

しかし、前述したように、北朝鮮という国との文面での合意よりも、金正恩の本音、本気度を確かめることが重要だ。ハッキリ言って、「論破」などいくらでもできる。ただ、ディベートで勝っても、相手がそれに「同意」するかは別問題だ。相手が同意することがなければ、「ディール（手打ち）」は成立しない。

「ディール」をするために、トランプは、建前でなく、本音を見極めたのだ。細部よりも、この合意の本質をよく考える必要がある。

この合意は、「宣戦布告」のようなものでもある。

この合意に違反すれば、「体制保証」はしない。

つまり、合意が反故にされれば、アメリカは核爆弾を投下して北朝鮮をこの地上から消滅させるか、「斬首作戦」で王朝を倒すと、そういう「本音」も潜んでいる。北朝鮮を核攻撃して崩壊させても、「大義名分」は成り立つのだ。

金正恩は、合意を反故にした場合、派生するであろうアメリカ側の対応に、震え上がったに違いない。


「合意を反故にしたら、王朝を滅ぼしますよ！」


これが「米朝合意」の正しい裏読みの仕方だ。「最後通牒」と思ってもいい。

それを補強したのが、ボルトン大統領特別補佐官と、ポンペオ国務長官だった。

あのボルトンが同席して、「そんな〝甘い〟ことは許さない。口先だけでその場しのぎをしたら、王朝は滅ぼします」と、まあ「砲艦外交」にかなり近いような合意を求めた。

検証可能とか、不可逆的なとかは、担保されていると言ってもいい。

ポンペオ国務長官は、CIA長官だった。つまり、今回の合意の裏にはCIAが存在している。

「CIAは、既に北朝鮮国内の情報ルートを持っています。ヒューミントも、工作員も、北朝鮮国内にもしかすると存在しているかもしれません。『斬首作戦』も、実際に実行できますよ」と、そこまで言ったかどうかは定かではないが、金正恩は、〝忖度《そんたく》〟することができた。

つまりこの合意は、王朝を崩壊させたいのか、それとも自由と経済発展を望むのかの二者択一を北朝鮮の王朝に直接迫ったものだった。

その「談判」を迫ったのが、トランプのアメリカだった。

今回、世界が目にした北朝鮮の金正恩委員長とアメリカのトランプ大統領が、お互いを想像をはるかに超えて賛辞し、握手をしたのは、そういう背景があったからだ。

実は、トランプ大統領は、金正恩委員長の〝本音〟を知りたかったのだ。

本当に王朝の滅亡を賭して戦争を望むのか。

それとも、経済発展で潤うことを望むのか。

## トランプは〝パワーシフト〟を起こした

私は、いま安倍晋三という男に、空前絶後のチャンスが到来したと思っている。

いま、共産主義圏は「金満資本主義」へと移行したがっている。「共産主義で社会は豊かにならない」と、本音では思っている。北朝鮮はちょっと乗り遅れ、時代にとり残されてしまった感があった。早く路線転換をしたかったが、軍拡路線から離脱する「理屈」がつけられずにいた。

トランプ大統領は、「軍拡より経済的繁栄」という理屈をもたらしてくれた。

軍事的には、北朝鮮は支那の冊封体制に組み込まれたかに見える。習近平《しゅうきんぺい》帝王の「中華帝国」（そんな国は仮想だが）の属国となったかのようだった。

しかし、北朝鮮に欧米のカフェやレストラン、ブティックやクラブが立ち並び、欧米資本のホテルやリゾートに外国人観光客がどんどんと滞在するように、もしなったら。

その北朝鮮は、単純に支那帝国の冊封体制下の朝貢国とは言えなくなる。

では、どういうことになるのか。

トランプは、北朝鮮が、ある種の〝パワーシフト〟を実現するようカードを切った。

ひとつの〝パワーシフト〟は、軍拡路線から、資本主義的繁栄への移行だ。

もうひとつの〝パワーシフト〟は、共産主義圏から資本主義圏への接近である。

そうなれば、北朝鮮が支那帝国の〝冊封体制〟下に入ったのではなく、自由主義経済圏あるいはトランプのアメリカ資本主義の〝冊封体制〟下に、取り込まれたことになるのである。

果たして朝鮮半島を自由主義圏陣営に巻き込むことができるか、トランプ王のカードを切る腕次第といったところだ。

まあ短時間で、完全に後戻りせずに、北朝鮮が資本主義国となり、自由主義諸国の仲間入りをするとは思えないが、方向性としては十分に有り得ることだ。

「軍事オプション」に関して、日本と安倍首相ができることはほとんどない。「非核化しなければ、北朝鮮を攻撃する」などという条件を日本が提示できるはずもない。これはアメリカのトランプ大統領でなければ交渉にならない。

しかし、こと「経済オプション」ならば、日本も安倍首相もいろいろと〝取り引き〟できるではないか。

そして日本には、日本の果たすべき目的がある。

交渉は、時に平行線が続いたり暗礁に乗り上げたりするが、いま目の前に起こっている現実は、決して日本にとっても、拉致被害者の奪還にも、マイナスではない。

むしろ、千載一遇のチャンスだ。

## 北朝鮮を自由主義陣営に惹きつけたトランプ流交渉術

かつて日本領だった朝鮮半島は、第二次世界大戦後にソ連とアメリカを中心とした連合国（国連）が、三八度線で二分した。

ソ連の傀儡《かいらい》だった金日成《きんにっせい》が率いる北朝鮮は、韓国に軍事侵攻し、朝鮮動乱が勃発した。韓国軍は、朝鮮半島の南端の港町・釜山《ふざん》まで追いつめられ、朝鮮半島はほとんど共産圏となってしまった。

これに対し、連合国（国連）は、仁川《じんせん》上陸によって南進した北朝鮮軍を背後（北）から攻撃、韓国軍と共に北朝鮮軍を北へと追いやり、朝鮮半島はほとんど韓国・連合国側が制圧するところまでいった。補足するなら、マッカーサー「国連軍」最高司令官は、日本の戦争が「侵略戦争」などではなく、自衛戦争だったと悟ったことだろう。

ところが、その「国連軍」に強敵が現れた。なんと今度は、中共の「義勇軍」を称する強力な部隊が参戦し、韓国・連合国（国連）軍は、逆に三八度線まで押し返され、そこで休戦協定を結ぶことになった。北朝鮮と韓国の現状は、その休戦協定が結ばれたときのまま移行してきたのだ。

しかし、韓国の文在寅《ぶんざいいん》大統領と北朝鮮の金正恩委員長との南北首脳会談が行われ、金正恩委員長が三八度線をまたいで韓国に入って来たときは、韓国は「無血開城」されたも同然だった。北に取り込まれてしまったのだ。

ところが、その北朝鮮が、今度はトランプ大統領を取り込もうとした感がある。

いま、朝鮮半島で起きている出来事は、南北の争いではない。東西の争いだ。自由主義世界の「王様」・アメリカのトランプ大統領と、共産主義世界の「皇帝」・中共の習近平国家主席。そのどちら側につくか、あるいは双方と上手に振る舞うか、北朝鮮の金正恩委員長は、難しい立場に立たされている。金正恩は、二股をかける「男芸者」さながらだ。「私を取るのはどっちの旦那でござんしょう」と両天秤で色気を示す。

まあ、多くの読者は、北朝鮮は、習近平の中共と同様に共産主義国だから、アメリカや日本のような「自由主義陣営」とは、一緒にはなり得ないと思っているだろう。だが、それは未知数だ。あの金正恩の成金趣味は、「共産主義」の理想とかけ離れた金満ぶりだ。いや、むしろトランプによく似ていると思うほどだ。

だから、いま、局面が動いている。

「昨日の敵は、今日の友」というような、たとえ、それが「化かし合い」であっても、想定外のことが起こり得る。実際に、トランプ大統領と金正恩委員長が、握手をしているのだ。

北朝鮮が、アメリカや日本といった自由主義陣営により積極的に交流したいなら、それは構わない。いや、そのほうが朝鮮半島の平和に貢献するのではなかろうか。

固定的な見方や、立ち位置から離れて、より良い状況の実現へと意識変革を向けてみれば、トランプ大統領が、持ち前のビジネス手腕で、北朝鮮の金正恩委員長を、繁栄発展の資本主義経済圏へ引っ張り込んでくるかもしれない。

もし、そうなったら、朝鮮半島は「自由主義圏」となり、北朝鮮は、アメリカの同盟国となるかもしれない。

いや、もちろん、北朝鮮は、いまは「共産主義圏」の一員だから、「自由主義圏」の一員に、そう簡単にはならないし、なれないだろう。

しかしトランプ大統領は、アメリカの「核の傘」の下に入れば、「体制保証」をしてあげようと、そう言っているのかもしれない。

いま、中共帝国の習近平「皇帝」とアメリカのトランプ「帝王」との力のせめぎ合いが、朝鮮半島で展開している。

## 安倍首相に最大のチャンスが到来した！

トランプ大統領が、北朝鮮に拉致された被害者を断固返せと、そう談判しなかったことに不満の声があるだろうか。

私は、そうでなくて良かったと思っている。日本が独立主権国家だという気概があるなら、アメリカに協力をしてもらっても、最後は日本の力で、日本という国家が日本国民を救出すべきなのだ。

もし、トランプ大統領が拉致被害者を全員奪還したら、日本の独立主権は、トランプ大統領が護ったことになってしまう。それでは、日本はアメリカの「属国」そのものだ。

やはり、拉致被害者は、日本が国家主権を発動して、奪還しなければならない。それが、独立主権国家の気概というものだろう。自国民、日本人の生命と財産を、外国政府に護ってもらっているようでは、独立しているとは見なされない。

日本は、核で相手の国を脅して従わせることはできない。だから、アメリカの支援や協力を否定しているのではない。しかし、第一義的に、拉致された被害者を奪還するのは、日本国の、日本政府の使命である。拉致被害者の奪還は、独立主権国家として、日本が成し遂げなくてはならない。

これは、安倍首相にとって、最大のチャンスとも言える。

北朝鮮が、もし自由で繁栄する国家となることを望むなら、拉致した被害者を全員日本へ帰国させるよう強く求めることだ。

北朝鮮はかつて日本国だったし、北朝鮮人民は、第二次世界大戦が終わるまでは日本国民だった。日本と朝鮮には、そうした特別な歴史的背景がある。

平和で繁栄していた朝鮮は、日本が戦争に敗れたことで米ソ冷戦に巻き込まれ、朝鮮の人々は、塗炭《とたん》の苦しみを味わう運命をたどることとなった。

多くの人は信じられないだろうが、日本が統治していたときの朝鮮半島は、自由で平等で、規律正しく、繁栄していたのだ。

もう一度、北朝鮮が繁栄と豊かな未来を望むなら、非人道的な拉致を「総括」し、全ての拉致被害者を日本に帰国させるべきだ。

ずっと拉致問題は解決に至らずに、平行線が続いた。いま、北朝鮮の金正恩委員長は態度が変化している。前述したように、資本主義経済を取り入れ、国を豊かにしようと思っている。

そのために、日本ができることは多い。もし北朝鮮が拉致した日本人を全員帰した後であれば、安倍首相は北朝鮮が日本のように自由で豊かな国家の繁栄を実現できるように、金正恩委員長と交渉すべきだ。北朝鮮の発展への〝ロードマップ〟も、日本は描くことができる。

ただし、北朝鮮が拉致した日本人を帰さないのなら、経済的見返りを与えてはいけない。「経済」と日本を支援する各国の協力、そして国際世論を味方に付けて、日本も使命を果たすべきときが来ている。

安倍晋三は「強運」だ。運がとにかく良い。

北朝鮮の民主化を実現するという困難な仕事を果たす使命が、日本国の首相には求められている。

安倍首相よ、このチャンスを生かし、拉致被害者を全員奪還しようではないか！

## それでも「北の脅威」は常に存在することを忘れるな

そうした、いま現実に起こっている変化に、安倍首相は機敏に対応してゆくべきだ。

その一方で、「北の脅威」は常に存在していることも、しっかりと肝に銘じておくことだ。北朝鮮が、仮に、資本主義を導入しても、自由主義陣営の一翼を成す国家となったとしても、忘れてはいけないことがある。

「北の脅威」は、消えてなくなるわけではない、ということだ。

北朝鮮の背後には、習近平の支那帝国があり、また北朝鮮の上には、これまた権力に居座るプーチン大統領のロシアが存在する。

こうした国々の核ミサイルは、仮に北朝鮮が非核化したとしても、何百発も日本に狙いを定めている。この現実は、まったく変わらない。

それは地政学的、かつ歴史的な問題でもある。

日本の背後に支那とロシアがある限り、半島は常にそうした「北の脅威」に晒され、いまでなくとも、百年後、数百年後に、それがすごく高まることも有り得ることだ。それは、二〇〇〇年前から今日までの日本の歴史を、朝鮮半島を巡る大陸の巨大帝国との「せめぎ合い」という観点で見ることによってハッキリとわかる。

ヘンリー・ストークス氏は、昭和三九（一九六四）年に来日して以来、『フィナンシャル・タイムズ』の支局を東京で立ち上げ、英国の一流紙『タイムズ』、そして『ニューヨーク・タイムズ』の東京支局長として、第一線で活躍してこられた。ストークス氏は、同時に『ニューヨーク・タイムズ』のソウル支局長として北朝鮮の金日成総書記（当時）と面会し、韓国の金《きん》大中《だいちゅう》元大統領には三〇回以上の単独取材をしている。朝鮮半島を最もよく知り、取材した西側のトップ・ジャーナリストだ。

そのストークス氏が語る朝鮮半島と日本の歴史は重層的である。時に、外国人が広い視野を持ってそうした歴史を俯瞰《ふかん》する「不易《ふえき》の目」と、時代の変化を的確に捉える「流行の目」の両方を活用して、物事を判断する必要がある。

拉致被害者の救出、そして二度とそうした不幸をもたらすことがないように、憲法改正をして国防をしっかりと固める。そしてアジアの民主化と発展に尽くす。

安倍首相には、日本国内でも世界的にも、大きな歴史的使命をしっかり果たし、大成功を収めることが期待されている。

かつて平和で、豊かで、統一されていた日本統治時代の朝鮮半島のすばらしさを、もう一度、あの半島が取り戻し、自由で民主的なアジアをつくり上げることに貢献できれば、歴史は変わる。安倍首相にも、歴史的な使命を、果たす秋《とき》が巡ってきたと言えるのではないか。

昭和から平成へと御代《みよ》がわりをしたときは、時を同じくして、ベルリンの壁が崩壊し、ソ連が消滅した。

我々は、これから今上陛下のご譲位により、新たな御代を、近く迎えることになる。

東京オリンピックも、再来年には開催される。

アジアの大きな和平の時代、大和の時代を、この一連の大きな変化がもたらすであろうと、私は秘かに期待をしているのだ。

この時期に、半島問題の第一人者でもあるヘンリー・ストークス氏の論考は示唆に富む。日本国民も改めて、日本と朝鮮との関係に目を開かれる思いがするのではないだろうか。

これは、英国人記者が見た「日朝関係史」の名著である。

## 序章　常に強いほうに媚びる朝鮮半島の歴史　国際ジャーナリスト　藤田裕行



## 第一章　「拉致被害者全員奪還」こそ日本の大義だ！

## 第二章　歴史から紐解く「北の脅威」



## 第三章　なぜ日本は朝鮮を併合したのか

## 第四章　日本統治時代の朝鮮半島は平和だった



## 第五章　大東亜戦争における支那と満洲の真実

## 第六章　分断された朝鮮半島



## 第七章　日本よ、真の独立主権国家となれ！

# 第一章　「拉致被害者全員奪還」こそ日本の大義だ！

## 拉致被害者家族の悲痛な叫び

二〇一八（平成三〇）年四月二二日、砂防会館別館シェーンバッハ・サボー（千代田区平河町）を会場に、「政府に今年中の全被害者救出を再度求める国民大集会」が開催された。

主催は、北朝鮮に拉致された日本人を救出するための全国協議会。会場には安倍晋三首相をはじめ、拉致被害者家族会の飯塚繁雄代表、横田早紀江さん、特定失踪者問題調査会の荒木和博代表、拉致議連の国会議員、地方議員らが集結した。

集会に先立って拉致被害者家族と面会した安倍首相は、「トランプ大統領は、『拉致被害者の早期帰国のために可能な限り全てのことをして、日本に帰国させる』と明言した」と述べた。

集会に関する報道を抜粋しよう。

北朝鮮が核実験や弾道ミサイル発射を強行して米国との軍事的緊張が高まり、家族会が求めた「今年中の解決」の兆しさえ見えなかった昨年も振り返り、飯塚さんは「ようやく光が見えてきた」と受け止めた。

ただ飯塚さんを含め、家族にとり今の機運は幾度も裏切られてきた「雰囲気」に過ぎない。北朝鮮は圧力が強まるたびに巧みな外交でかわし、米国も拉致問題での協力を約束しながらほごにしてきた歴史がある。

平成一八年、訪米した横田めぐみさん（五三）＝拉致当時（一三）＝の母、早紀江さん（八二）とホワイトハウスで面会した当時のジョージ・W・ブッシュ大統領は家族の努力に共鳴し、北朝鮮を厳しく指弾した。だが、北朝鮮が核開発で譲歩を見せると、米国はテロ支援国家の指定を解除。拉致は置き去りにされた。

「（北朝鮮は）嘘とだましの繰り返しだ。全被害者が帰国するまで絶対、制裁を緩めてはならない」。めぐみさんの弟、拓也さん（四九）は怒りを込める。家族に寄り添うトランプ氏は希望だが、苦い記憶をぬぐうのは容易ではない。

米朝首脳会談で拉致問題が進展する確証もない。北朝鮮は二〇日、核・ミサイル開発の凍結を決定したが、同時に核保有国としての立場を固持しており「不可逆的な核廃絶」を強く迫る日米と真っ向から対立する。

めぐみさんのもう一人の弟、哲也さん（四九）は「交渉決裂なら軍事衝突も有り得る。

被害者をどう救出、保護するのか」と、政府に有事への備えを問うた。

被害者帰国の交渉が具体化しても課題はある。拉致の全容が解明されない中、北朝鮮の主張を検証しなければならない。一四年の日朝首脳会談で「死亡」とされた八人のうちの一人で、偽の遺骨も提出された松木薫さん（六四）＝同（二六）＝の弟、信宏さん（四五）は「そもそも、死亡という言葉を撤回させなければ、交渉は前に進まない」と厳しく指摘した。

集会で家族は国民の後押しも切望し、早紀江さんはこう呼びかけた。

「拉致が解決できない日本の国はおかしい。心を一つに、日本のため、二度と同じような悲しみが起きないようにするためにも、力添えください」


（二〇一八年四月二二日付産経新聞）


拉致被害者の家族の叫びに、私はずっと身につまされる思いだった。

独立主権国家の国民が、平然と外国の工作員に拉致される日本は、決して平和を謳歌してなどいないのだ。

主権を侵害され、国民をいとも容易《たやす》く外国へ拉致される。そして、そのことに政治家も国民も無関心で日々を暮らしている国があるとしたら……。

その国は、真の意味での独立主権の気概を持たない。

外国の工作員に拉致された国民は、国家がその威信にかけて奪還しなければならない。

## チャック・ダウンズ氏の『拉致報告書』

チャック・ダウンズ氏は、アメリカの国防総省（ペンタゴン）のアジア太平洋局の元交渉問題専門家だ。アメリカンエンタープライズ研究所（ＡＥＩ）の上級研究員、米議会共和党の政策委員会顧問を経て、アメリカの北朝鮮人権委員会・元国防総省対北朝鮮交渉首席担当官となった人物である。

二〇一一（平成二三）年五月、ワシントンの「北朝鮮人権委員会」は、『Taken!』と題する本を出版した。同年一一月一〇日付で、英文の同書は邦訳され、『ワシントン北朝鮮人権委員会　拉致報告書』として自由社から出版された（以下『拉致報告書』）。

この邦訳版には、英語版のレポートに加えて、ケント・ギルバート氏と現・自由社社長の植田剛彦氏によるアメリカ取材の報告が掲載されている。どうしてケント・ギルバート氏が、拉致問題に関わったのか。

実は、チャック・ダウンズ氏が公にしたのは、拉致問題が単に韓国と日本の問題ではなく、なんと、世界一四カ国で発生した国際的な人権蹂躙事件であるということだった。そして、アメリカもその一四カ国に含まれることがわかったのだった。

チャック・ダウンズ氏は、「日本語版出版にあたって」という邦訳版の巻頭で、次のように述べている。

報告書の日本語版を出版するにあたり、我々は原本の英語版にはない、新たな情報を加えた。それは、中国の雲南省で失踪した米国人学生の一件で、まだ確証はないが、その米国人学生の経歴からすると、北朝鮮が拉致工作の標的としても不思議ではない。

過去の経緯から、失踪後、何年も経ってから、拉致被害者と判明したケースはあるが、現段階では、北朝鮮が二〇〇四年八月一四日にデイビッド・スネドンを拉致する指令を出していたのか、誰も証明できない。だが、これだけはいえる。スネドンが失踪するまでの経緯は、北朝鮮の工作員による拉致で消息不明になった過去の事件と一致する点が数多く、それを疑うだけの理由もある。そして、最も困惑することは、これまで中国国内で、米国人が理由なく失踪したことがないからだ。もし、拉致や誘拐といったことが行われていたとすれば、その実行犯は組織的な工作をするために訓練を受けた特殊なチームによるものにほかならない。

日本の読者の皆さんは、この米国人学生が失踪した情報を、なぜ原本の英語版に入れずに、日本語版に入れたのか疑問に思うかもしれない。その答えは、単純明快だ。我々は、その情報を英語版が出版された後に、知ったからである。

チャック・ダウンズ氏が言及したデイビッド・スネドン青年は、末日聖徒イエス・キリスト教会（モルモン教）の信者だった。神の啓示を受けたとされるジョセフ・スミスが、一八三〇年にアメリカで設立した宗教団体で、本部はユタ州のソルトレイク市にある。全世界に約一四〇〇万人の信者と、五万五〇〇〇人余の宣教師を擁し、約一七〇カ国で伝道活動を展開している。

ケント・ギルバート氏も、敬虔なモルモン教徒だったこともあり、植田氏と共に、モルモン教の総本山のあるソルトレイク市に、デイビッド・スネドン青年のご両親を訪ねたのだ。

チャック・ダウンズ氏の「北朝鮮人権委員会」が『Taken!』を出版したときは、来日して日本外国特派員協会で記者会見も行っている。また、ケント・ギルバート氏と植田剛彦氏がスネドン青年のご両親に会いに、ユタ州に行ったときのことも、植田氏からよく話を聞いていた。植田氏とは対談本を出すために、頻繁にやりとりをしていたからだ。

邦訳版である『拉致報告書』が出版されたときには、チャック・ダウンズ氏が再度来日し、参議院議員会館で集会が持たれた。

ジャーナリストの櫻井よしこ氏や、横田めぐみさんのご両親をはじめとする拉致被害者の家族会の方々、西岡力氏ら「北朝鮮に拉致された日本人を救出するための全国協議会」（通称「救う会」）の中核メンバー、荒木和博氏ら「特定失踪者問題調査会」の面々などが集結した。

もちろん、国会議員も安倍晋三首相をはじめ、山谷えり子拉致問題担当大臣など数十名が馳せ参じた。

## 朝鮮戦争勃発と同時に北朝鮮の拉致が始まった

私が目を見張ったのは、北朝鮮の拉致が始まったのは、朝鮮戦争開戦からわずか三日後の一九五〇（昭和二五）年六月二八日だったとの報告だった。

朝鮮労働党中央軍事委員会は、この日、朝鮮人民軍に対して「政治的、経済的、そして社会的に卓越した人材を拉致し、彼らを再教育し、彼らと共に前線を強化する」との命令を下したのだ。

朝鮮戦争拉致家族連合によると、八万二九五九人が拉致され、そのうち少なくとも二万人が、政治家、学者、官僚、公務員であった。

朝鮮戦争中に拉致された知識人や技術者は、金日成《キムイルソン》の命令で強制労働をさせられたという。他国の人材や労働力を、様々な手段を駆使して調達するというのが、北朝鮮のお家芸のようだ。

在日朝鮮人は、第二次世界大戦直後には二〇〇万人以上もいたと、報告書には書かれている。現在は、その孫世代でおよそ四〇万五〇〇〇人。そのうち北朝鮮出身者の子孫として北朝鮮国籍を持ち、北朝鮮を支援する「在日朝鮮人総連合会（朝鮮総連）」の組織メンバーがおよそ三、四万人であるという。

朝鮮総連は、「朝鮮語の新聞を発行し、病院に加え、伝統音楽や舞踏の団体を運営し、朝鮮関連の貿易会社やパチンコ店を経営している。約一〇〇校の朝鮮学校や、大学、朝銀信用組合なども運営」し、「政治的、経済的な力も強く、北朝鮮と日本の間に商船を運航し、ほとんど検査や制限なしに輸出入をした。現金もほとんど自由に持ち出せ、裕福な在日コリアンから多額の現金が北朝鮮に運ばれた。送金された現金は、多いときには年間六億ドルを超えた」とされる。

報告書は、総連幹部が北朝鮮の最高人民会議のメンバーに選ばれていたり、国交のない日本で事実上の在外公館として機能し、運営する朝鮮学校では、金日成主席や金正日《キムジョンイル》総書記を讃え、忠誠を誓う礼から始められると驚きを示し、「北朝鮮の日本での工作のお膳立てをしていることでも、知られている」と結論づけている。

朝鮮総連は、一九五九（昭和三四）年末から六〇（昭和三五）年末にかけて、「帰還事業」を実施し、およそ五万人が「帰還船」で北朝鮮に向かった。

北朝鮮は、「地上の楽園」であると宣伝し、多くの北朝鮮出身者の家族が、「繁栄する社会主義国」建設のために、北朝鮮に帰国することを促されたのだ。

## 「地上の楽園」はプロパガンダだった

帰還船に乗った人々は、「母国に帰れば、（日本での）いまよりも良い生活ができる」と、そう信じていた。

報告書には、そうした一人の供述もある。それによると、帰還船は、旧ソ連の軍艦で、外見は立派で清潔で豪華そうに見えた。

しかし、その外見は船内の地獄のような現実を隠すためだったと述べている。船室は、トイレからの悪臭が立ち込め、真夏なのに冷蔵庫もない。食堂は腐敗臭に満ちていた。「北朝鮮で私たち家族は、どんな扱いを受けるのか」と不安になった。「本当に『地上の楽園』に向かっているのか。そうなら、こんなことは有り得ない」と、何度も問いかけた。

二泊三日の航海で清津港に着いたという。北朝鮮の人々は旗を振って歓迎の声を挙げていたが、その姿はやせこけ、不健康で、みすぼらしかったことに強い衝撃を受けた。栄養不足で顔が乾き、暗い表情をした彼らを見て、「岸壁で歓迎している北朝鮮人民は、将来の自分の姿だ」と思った。彼らは、船を降りた帰還者には誰一人歩み寄らず、一言も歓迎の挨拶もしようとせず、無表情に旗を振るだけだった。まるで、下手な芝居のようだった。「プロパガンダの犠牲になった」と、確信した。

帰還事業が始まると、ほどなくして北朝鮮での苛酷な生活が日本の在日朝鮮人の間で噂となったという。

「地上の楽園」であるはずの北朝鮮に渡った人たちからは、家族や友人宛に手紙が届くようになる。もちろん、検閲されているものだ。食べ物や金品を至急送るように懇願していた。しかし、注意深く読むと「北朝鮮に帰って来てはいけない」と、示唆する内容が織り込まれていたという。

報告書は、そのため帰還者は、一九六一（昭和三六）年には半減し二万二八〇一人に、一九六二（昭和三七）年には、三四九七人に落ち込んだとしている。

## 世界に発信された拉致事件

チャック・ダウンズの『拉致報告書』は、北朝鮮による日本人拉致の実態を、英語で世界に発信する上で大きな役割を果たした。

例えば、横田めぐみさん拉致事件については、次のように言及している。

　一九七七年一一月一五日午後だった。一三歳の横田めぐみは、新潟県の中学校でバドミントンの部活を終えて、歩いて帰宅する途中で、北朝鮮工作員によって拉致された。どのような形で拉致が実行されたか、詳細については明らかになってはいない。

　だが、三〇年以上にわたり、めぐみの母親が丹念に収集した、断片的な情報を総合すると、恐ろしい輪郭が見えてくる。母親によると、めぐみは車に放り込まれ、近くに停泊していた船の倉庫に押し込まれた。彼女は泣き叫び、北朝鮮までの航海中、金属製のドアを引っ掻き続けたという。

横田めぐみさんについては、実はかなりの証言がある。北朝鮮から一時帰国をし、そのまま日本にとどまった被害者が、めぐみさんと直接に会い、話した内容なども母親の早紀江さんには伝わっている。そうした証言をもとに総合的に判断してみると、横田めぐみさん死亡という北朝鮮の発表を、そのまま真に受けることはできない。

二〇〇二年に小泉純一郎首相が、安倍晋三官房副長官と共に北朝鮮を訪問し、金正日総書記と面会した。そのとき、総書記は日本人の拉致を認め、日本政府が受け取ったのは横田めぐみさんらの「死亡」通知だった。

外務省の飯倉公館で、そのことを福田康夫官房長官から告げられた横田めぐみさんの父、横田滋さんは、慟哭し涙が止まらなかった。しかし、母親の直感であろうか、早紀江さんは、「めぐみちゃんは、絶対に死んでなどいない」と、確信した。

『拉致報告書』は、他の拉致被害者についても言及している。引用しよう。

田口八重子は一九七八年六月、二二歳のとき北朝鮮によって拉致された。彼女は北朝鮮で、李恩恵《リウネ》という名前を付けられ、工作員に日本語を教えることを強いられた。

その工作員の中には、金賢姫《キムヒョンヒ》も含まれる。金賢姫は日本人旅行客に成りすまし、一九八七年に大韓航空機八五八便に共犯者と爆弾を仕掛けた。アブダビ空港から、大韓航空機八五八便が出発した後、金賢姫は偽造パスポートを使った疑いで拘束され、自殺を図ったが一命をとりとめた。爆弾はアブダビからタイに向かう途中で爆発して、乗客九五人と乗員二〇人が死亡した。

金賢姫は、自分の先生だった田口八重子さんからも、いろいろと横田めぐみさんについて聞き及んでいた。田口さんは北朝鮮で、横田めぐみさんと一緒に「招待所」で生活をしていたそうだ。

地村保志と婚約者の濱本富貴恵は、ともに二三歳だった。福井県小浜市の若狭湾に面した磯で、一九七八年七月七日の夕方にデートをしていたときに、北朝鮮工作員に襲われ、拉致されて、近くに泊めてあった小型船に押し込まれた。それから二人は二四年間もの間、日本の土を踏むことはなかった。二人は行方不明になったのではなく、北朝鮮による拉致被害者だったと分かったのは、金正日総書記が北朝鮮による拉致を認めた二〇〇二年だった。

小泉首相が訪朝したことで、北朝鮮に拉致されていた日本人のうち五人に一時帰国が許された。

救う会、家族会、調査会をはじめ、政府の安倍晋三官房副長官らが、「そもそも日本から拉致された被害者を、北朝鮮に戻すことはできない」と強い姿勢で臨んだことにより、一時帰国した拉致被害者は、そのまま日本にとどまることになった。

一九七八年七月三一日に、二〇歳の大学生だった蓮池薫は、ガールフレンドの奥土祐木子と新潟県柏崎市の海岸沿いを歩いていた。二人は暑い夏の日が終わった夕日を砂浜でみようと、人の多い場所から離れて、静かな場所に行こうとしていた。二人はすこし挙動が不審な数人の男たちが、二人を監視するかのように見ながら、近くを歩いていたことには気付いていた。だが、観光客だろうと思っていた。

男たちの一人が二人に近づき、「タバコの火はありますか」と、尋ねた。その男は突然、蓮池の顔を殴り、別の二人の男が腕を取った。蓮池は何も抵抗ができず、さるぐつわをかまされ、大きな袋に入れられた。奥土も、同様に縛られ、別の袋に入れられた。二人はしばらくの間、地面に横たえられた。襲ってきた男たちが、近くに立っている気配を感じた。

二人はゴムボートに乗せられて、沖合の母船まで運ばれた。母船に乗せられた二人は「おとなしくしていれば、危害は加えない」といわれた。何か分からなかったが、薬剤のようなものを飲まされた二人の目には、柏崎市の街の灯が水平線に消えてゆく様子が映っていた。それから二日後、陸地が見えた。北朝鮮の清津港だった。

夕日を見ようと浜に来たのだから、まだ日は出ていた。真っ暗な夜の砂浜ではない。そんな状況で、二〇歳の大学生の男とそのガールフレンドを、数人の男が殴って袋詰めにして海外に連れ去ったのだ。大胆極まりない犯行と言える。

そもそも工作船は、日本海側の沿岸に頻繁に出没していたことが知られている。また、行方不明事件もいくつも発生しており、北朝鮮による拉致だという噂もあった。

では、なぜ国家として、北朝鮮の工作員の活動を阻止できなかったのか。

海上自衛隊や海上保安庁が、不審船を厳しく取り締まれば、こうした北朝鮮の工作船は、容易に日本の沿岸付近に近づけなかったはずだ。

警察も、北朝鮮による拉致について把握している部分もあったという。なぜ、工作員の逮捕や摘発ができなかったのか。もしそうした防衛策が、早くから、また厳しく実施されていれば、横田めぐみさんの拉致も、起こらなかったかもしれない。

ともに鹿児島県出身の二三歳の市川修一と、二四歳の増元るみ子は、一九七八年八月一二日の夕方に行方不明になった。北朝鮮で二人は、一九七九年七月に結婚したとされる。北朝鮮は二〇〇二年に、「二人は心臓麻痺で死亡した」と発表した。市川は一九七九年九月に、増元は一九八一年に、それぞれに死亡したとされる。そうだとすれば、市川は二四歳で、増元は二七歳で亡くなったことになる。

餓死者が出るような北朝鮮とは言え、一般論として、「招待所」での環境は、帰国した拉致被害者の話を聞く限り、一般の北朝鮮民衆とは異なるようだ。そうしたことを合わせて考えると、二〇代半ばで二人が共に「心臓麻痺で死亡」したというのは、額面通り受け取ることはできない。ご家族が、北朝鮮発表を真実でないと訴えるのは、当然のことだ。

一九歳の曽我ひとみと四六歳の母のミヨシは、郷里の新潟県佐渡市で、市川と増元が拉致された、全く同じ日の一九七八年八月一二日に、拉致された。

二人は買い物からの帰り道に、アイスクリームを食べようと寄り道したとき、三人の男に声をかけられた。次の瞬間、二人は縛られ、口をふさがれていた。ひとみは大きな黒い袋に入れられて担がれ、国府川に泊められていたボートに運ばれた。ボートは一時間あまり沖合へ向けて走り、曽我ひとみは大きな船に乗せられた。彼女は丸一日、船倉に押し込められていた。外の空気を吸えたのは、一度だけデッキに立つことが許された、わずかな間だけだった。母親の姿はどこにもなく、彼女の目に映るのは一面の海原だった。

曽我さんの母は、抵抗したために船上で殺されたともいわれている。その真偽は私にはわからないが、拉致は周到に準備され、訓練を受けた工作員が日本国内に潜入して実行したことは確実だ。

外国の工作員が自国内に潜入し、自国民を拉致するなど明確な国家主権の侵犯である。なぜ、日本政府は、拉致を放置したのか。

北朝鮮の工作員の活動を、まったく把握していなかったのか。

もしそうだとしたら、それはそれで由々しき問題だ。しかし、事実はそうではない。警察も、海上保安庁も、自衛隊も、北朝鮮による不審な行動について把握していた。むしろ、それを黙殺するようにしたのは、政治だった。そのことは、与党の自民党も、野党各党の国会議員も、厳粛に受け止めなければならない。

曽我母娘の拉致から三日後の一九七八年八月一五日、二八歳の男性と二一歳の婚約者が、富山県高岡市で、拉致されかけた。

二人はその日の午後、海水浴を楽しみ、六時半ごろに車に戻ったとき、近くに六人の不審な男がいたことに気付いてはいた。男たちは、突然、カップルに襲いかかり、女性の腕と足を縄で縛り、口をタオルで押さえつけた。男性は抵抗したが、押さえつけられ、手錠をかけられた。足は縄で縛られ、頭からつま先までスッポリと大きな袋に入れられた。男たちは袋に入れた二人を、近くの林に隠し、落ち葉や小枝で覆った。しばらくして、カップルは遠くで犬が吠えているのを聞いた。それが、男たちを惑わせたようだった。女性は、近くに人がいる気配を感じながら、どうにかこうにか足の縄を解き、近くの家に逃げ込んだ。

元警察官の家主は、腕の縄を解き、彼女に婚約者に呼びかけるようにいった。離れたところから、婚約者の声が響いた。婚約者も何とか逃げることに成功した。袋が頭に巻き付いたまま立ち上がり、彼女が助けられた家から、二〇〇メートルほど離れた別の家に駆けこんだ。

後に、地元警察は拉致を企てた実行犯の遺留品を回収した。その中には、呼吸ができるよう穴が空いているゴム製のさるぐつわと耳栓、使い古した金属製手錠、緑色のナイロン袋、ロープ、タオルがあった。実行犯は捕まらなかったが、物的証拠や拉致の手法が、蓮池、奥土の拉致事件に似ていることから、北朝鮮工作員による犯行の可能性が高い。ちょうどそのとき、日本で頻発した不可解な蒸発事件は、「外国の情報機関」が関係しているのではないか、との疑いが高まっていた。

「平和憲法」があるので、日本は平和を保っていると、本当に思えるだろうか。憲法九条があるから、戦争は起きないと、本当に思っているのだろうか。

平和な日本を多くの日本人が謳歌している一方で、外国の情報機関の工作員が、堂々と日本に侵入し、日本国民を拉致してゆく。これで、本当に平和だと言えるのか。

そんな国は、決して平和な状況にあるとは言えない。

## 野放しのままの拉致実行犯

外国の情報機関の工作員の潜入など、国防上の最大の危機だ。あらゆる手段を駆使して、外国の情報機関のスパイ活動を防止しなければならない。

しかし、日本にはスパイ防止法がない。

北朝鮮のみならず、ロシアや中共のスパイにとっても、日本はスパイ活動をする上では、天国のようなところだろう。

北朝鮮に関して言えば、与党自民党の領袖も、野党の党首クラスも皆が籠絡されていたと、そう言わざるを得ない。

そのひとつの裏付けとして、曽我ひとみさんの証言がある。証言は、日本国が拉致事件の実行犯として国際指名手配をし、北朝鮮に身柄引き渡しを求めている辛光洙《シングァンス》容疑者に関するものだ。産経新聞の報道を引用しよう。

昭和五二年の横田めぐみさん＝当時（一三）＝拉致事件について、帰国した拉致被害者の曽我ひとみさん（四六）が、実行犯の一人は北朝鮮元工作員、辛光洙容疑者（七六）＝警察庁が国際手配＝だと関係者に証言していたことが五日、分かった。

辛容疑者が関与、もしくは関与の疑いが浮上した被害者は四人目。これまでの捜査や被害者の証言などから一連の拉致事件の構図がより鮮明になってきた。

政府は改めて北朝鮮側に辛容疑者らの身柄引き渡しを求める方針。

めぐみさんの翌年に拉致された曽我さんは、めぐみさんと同じ招待所で暮らし始めた。関係者によると、招待所で二人の朝鮮語や思想教育を担当したのが辛容疑者で、曽我さんはその際、辛容疑者から直接、「横田めぐみを連れてきたのは私だ」と聞かされたという。

警察当局もこの情報を把握している。

辛容疑者は五五年六月、大阪市の中華料理店員、原敕晁《ただあき》さん＝同（四三）＝を拉致。原さんに成りすまし、旅券を取得したとして、平成一四年七月に警視庁が旅券法違反容疑などで逮捕状を取り、警察庁が国際手配した。

また、地村保志さん（五〇）、富貴恵さん（五〇）夫妻が帰国後の福井県警の事情聴取に「実行犯の一人は辛容疑者だった」と証言したことから警察当局は国外移送目的略取容疑を視野に捜査している。

蓮池薫さん（四八）、祐木子さん（四九）夫妻は、警視庁が六〇年三月に旅券法違反などの容疑で指名手配した「朴」と名乗る極東地区工作員の写真を見て、実行犯の一人であることを指摘。

五二年九月の久米裕さん＝同（五二）＝拉致を指揮したのは朝鮮労働党元幹部で工作員の金世鎬《キムセホ》容疑者（七六）だったことが判明している。

文中にある原さんは、一九八〇（昭和五五）年六月に、宮崎県で拉致された。当時四三歳だった。実行犯の辛光洙は、自ら日本政府に対して原さんの拉致を認めている。さらに、北朝鮮によると原さんは、一九八四年に田口八重子さんと結婚したが、一九八六年に肝硬変で死亡したという。ところが、辛光洙は、二〇一六（平成二八）年にも、その姿が報道されている。テレビ朝日の『ＡＮＮニュース』は、二〇一六（平成二八）年七月二五日に次のように報道している。

日本人の拉致事件に関わったとして国際手配されている北朝鮮の元工作員・辛光洙容疑者とみられる人物の姿が、朝鮮中央テレビの映像で確認されました。

ラヂオプレスによりますと、二三日夜に放送された北朝鮮の朝鮮中央テレビで、福井県の地村さん夫妻や、大阪の原敕晁さんの拉致事件に関わったとして国際手配されている元工作員の辛容疑者とみられる人物の姿が確認されました。胸に勲章を付けた辛容疑者とみられる男は、かつて工作員として韓国に潜入して拘束され、二〇〇〇年の南北首脳会談での合意を受けて北朝鮮に戻った「非転向長期囚」らが着席している場所に座っていました。辛容疑者は一九八五年にスパイ容疑で韓国で拘束された際、捜査当局に対し、原さんの拉致を認める証言をしています。そのため警察庁は、辛容疑者が日本人の拉致事件で中心的な役割を果たしていたとみて身柄の引き渡しを求めていますが、北朝鮮は応じていません。

この「国民の敵」に対して、釈放を嘆願したのが菅直人元首相である。

かつて小泉純一郎内閣の幹事長代理を務めていた安倍晋三は、テレビの討論番組で「シンガンスという拉致に関わっていたスパイを釈放しろと言ったのは菅さんですからね」と、当時民主党代表だった菅直人を問い質《ただ》し、菅代表が憤慨する場面もあった。

## 北朝鮮に阿《おもね》った人々の記憶

かつて日本の国会では、自民党と日本社会党が二大政党として対峙したこともあった。そのピークは、土井たか子委員長の時代だったのかもしれない。

いまや日本社会党の残党は、会派の名前をころころと変えて、辛うじて生き残っているに過ぎない。

その日本社会党がまだ勢力を有していた一九八九（平成元）年七月、韓国の民主化運動で逮捕された在日韓国人政治犯の釈放を求める嘆願書が、韓国政府に提出された。日本社会党、公明党、社会民主連合などの有志議員一三三名が署名した。

このときに対象となった二九名の政治犯の中に、拉致事件の実行犯と目された辛光洙や、北朝鮮のスパイと思しき者複数名が含まれていたのだ。

参考まで、辛容疑者の釈放を嘆願した各会派の面々のリストを掲げておこう。

《日本社会党》

［衆議院］

阿部未喜男、五十嵐広三、池端清一、石橋大吉、石橋政嗣、伊藤茂、伊藤忠治、稲葉誠一、井上泉、井上一成、井上普方、岩垂寿喜男、上田哲、上田利正、上原康助、大原亨、大出俊、緒方克陽、岡田利春、小川国彦、奥野一雄、小澤克介、加藤万吉、角田堅次郎、河上民雄、河野正、川崎寛治、川俣健二郎、木間章、上坂昇、小林恒人、左近正男、佐藤観樹、佐藤敬治、佐藤徳雄、沢田広、沢藤礼次郎、渋沢利久、嶋崎譲、清水勇、城地豊司、新村勝雄、新盛辰雄、関山信之、高沢寅男、田口健二、竹内猛、田中恒利、田邊誠、田並胤明、辻一彦、土井たか子、戸田菊雄、永井孝信、中沢健次、中西績介、中村茂、中村正男、野口幸一、野坂浩賢、馬場昇、早川勝、広瀬秀吉、細谷治通、堀昌雄、前島秀行、松前仰、水田稔、三野優美、武藤山治、村山喜一、村山富市、安田雄三、山口鶴男、山下八洲夫、山花貞夫、吉原栄治、渡部行雄

［参議院］

青木薪次、赤桐操、穐山篤、秋山長造、一井淳治、糸久八重子、稲村稔夫、及川一夫、大木正吾、大森昭、小川仁一、小野明、梶原敬義、粕谷照美、久保亘、久保田早苗、小山一平、佐藤三吾、志苫裕、菅野久光、鈴木和美、高杉廸恵、千葉景子、対馬孝且、中村哲、野田哲、浜

本万三、福間知之、渕上貞雄、松前達郎、松本英一、丸谷金保、村沢牧、本岡昭次、八百板正、安恒良一、安永英雄、矢田部理、山口哲夫、山本正和、渡辺四郎

《公明党》
［衆議院］
小川新一郎、鳥居一雄、西中清
［参議院］
猪熊重二、塩出啓典、和田教美

《社会民主連合》
［衆議院］
江田五月、菅直人
［参議院］
田英夫

《無所属》

［衆議院］
安井吉典（社会党系）
［参議院］
青島幸男、宇都宮徳馬、喜屋武真栄、山田耕三郎

## 菅直人元首相を批判した櫻井よしこ氏

櫻井よしこ氏は、日本外国特派員協会の後輩メンバーだ。最初はクリスチャン・サイエンス・モニター紙の東京特派員として会員登録している。その後、日本テレビの報道番組のアシスタント、そして看板番組『きょうの出来事』のキャスターとして一躍、報道番組の「顔」となった。櫻井氏は、昨今は舌鋒鋭い「論客」として知られているが、拉致問題について早くから関心を持ち、様々な集会に「手弁当」で参加して、日本の採るべき道を訴えてこられた。櫻井氏は、この嘆願書に関して次のように言及している。

菅氏は一九八九年、一九八〇年に原敕晁さんを拉致し、一九八五年に韓国で逮捕され、裁判で死刑判決を受けた辛光洙の釈放要望書に署名しました。この要望書には、江田五

月元法相と千葉景子元法相らも署名しています。首相以下、二人の法務大臣が拉致実行犯のために助命嘆願したのが民主党政権です。異常な政府です。

菅元首相は「よく知らずに署名した」と語りましたが、民主主義国家である韓国が民主主義の司法の手続きを踏んで死刑を宣告した犯人に関して、他国の国会議員が「よく知らないで」釈放嘆願をすることなどありえるでしょうか。もし事実なら、元首相も二人の元法相もあまりにもいい加減です。

「民主主義国の韓国が民主主義的な手法で」という部分は、産経新聞ソウル支局長（当時）だった加藤達也氏に対する韓国側の一連の対応を考えると、「本当に民主主義国の民主的な手法」であるかには疑義もある。しかし、そのような部分を差し引いても、辛容疑者の釈放を嘆願するなど有り得ないことだ。

## 自民党の大物議員も「親北朝鮮」だった

一九九〇（平成二）年九月二四日、自民党田中派の大物国会議員だった金丸信《かねまるしん》は、社会党の副委員長だった田邊誠と訪朝団を組んで平壌《ピョンヤン》を訪れた。

既に一九八八（昭和六三）年三月二六日の参議院予算委員会において、当時国家公安委員長だった梶山静六《かじやませいろく》議員が北朝鮮による日本人拉致について言及しており、自社両党の大物国会議員による訪朝は、異様なものだった。

二〇一五年七月九日付の『週刊文春』は、このときのことについて次のように言及している。

実は、訪朝団は田辺氏の「お膳立て」で実現した自社両党の一大プロジェクトだった。田辺氏は一九八三年の党書記長就任後、党のお家芸である対北外交に力を注ぐが、北朝鮮側が万年野党の社会党よりも自民党との関係を重視し始めた。そこで、野党の限界を知る田辺氏は、国対政治のパートナーの金丸氏に訪朝を打診したのだ。金丸氏は当初、国交のない北朝鮮行きを渋るが、田辺氏が懸命に説得したという。

だが、訪朝中に、金丸氏と金日成北朝鮮主席が二人きりで極秘会談。日本側から通訳が入らず、メモ類や外交記録も一切存在しておらず、金丸氏が会談の中で多額の「経済援助」を約束してしまったとの説が根強い。抜け駆けされた田辺氏にとっても大きな衝撃で、同行記者団に怒りをぶちまけた。

「ただ、後に田辺氏は金丸氏から五時間近くにわたる会談内容を詳細に聞いて、納得したようです」（社会党関係者）

田辺氏は訪朝団に関する文章をいくつか残しているが、金丸・金会談については詳細に触れていない。

いまも覚えているのは、金丸信の自宅金庫から出てきた大量の金塊のことだ。発端は、元赤坂のクラブホステスだった金丸の妻が死去したことだった。東京国税局は、金丸が受け取った遺産に注目して、内定を進めていた。日本債券信用銀行の「ワリシン」と当時呼ばれた割引金融債の一部が、遺産として申告されていないことが発覚し、東京国税局が東京地検に告訴したのだ。一九九三（平成五）年三月六日、東京地検は金丸本人と秘書を脱税容易で逮捕し、金丸の自宅を家宅捜索した。すると金庫には、膨大な数の金の延べ棒が秘匿されていた。問題は、この金の延べ棒である。本来、金は国家管理の下にあり、必ず「大蔵省」「財務省」などの刻印と純度が何パーセントであるかが刻印されている。ところが、金丸邸の金庫から出てきた金塊には、そうした刻印がなかった。そのことから、それらの金塊が北朝鮮から渡されたものであることが、発覚したのだ。

## 「拉致問題を棚上げしろ」と言った土井たか子

一九九七（平成九）年五月一四日付の朝日新聞で、当時社会党の委員長（党首）だった土井たか子氏は、「朝鮮民主主義人民共和国に対する食糧援助は、少女拉致疑惑などとは切り離して、人道的見地から促進すべきだ」と述べている。

また、同年の一〇月二三日には、朝鮮総連の朝鮮会館で開かれた「金正日総書記推戴祝賀宴」にも出席している。社会党は、北朝鮮とほとんど「一体」のようなものだった。

その構図は、社民党にも引き継がれている。社民党は、そのウェブサイトで、「産経新聞に掲載された工作員の証言を検討すると、拉致の事実がはっきりするのではなく、拉致疑惑事件が安全企画部の脚本、産経の脚色によるデッチ上げ事件との疑惑が浮かび上がる」などと、訴えていた。

## 日本人の拉致被害者を奪還するのは日本国の責務だ！

それぞれの国家には、国益がある。

その国の国益に関する様々な事柄の中で、何が重要なのか。

その判断が、極めて重要だ。

日本は、「独立主権」、「国防」という、本来ならば最も国民の生命財産に関わる最重要事項を、避けてきた。

そんなことはないと、反論されるかもしれない。

しかし、これまで「核戦力の保持」は、その議論さえ許されなかった。

それは、戦争を放棄し、戦力不保持を明記した憲法九条に反するということか。

しかし、憲法九条を護ったために、日本国民が他国の侵略を受けてしまったなら、それは本末転倒と言うべきだろう。

日本が戦争を起こさない限り、日本は戦争に巻き込まれることもなく、侵略もされないのであろうか。

「保守派」の人々の中には、「だからこそ、日本には『自衛隊』があるのだ」と、そう言われる方もいるかもしれない。

侵略戦争をしない、「専守防衛」に徹する自衛隊。

それは聞こえはいいが、考えようによっては、昭和二〇年三月一〇日の東京大空襲や、沖縄戦から、日本の自衛戦争を始めるようなものだ。

「専守防衛」とは、言い換えれば、「本土決戦」である。

恐らくと言うより、ほとんどの国は「本土決戦」となる前に、「絶対防衛圏」のラインを設定する。

いまや北朝鮮は、核保有国となった。このことは間違いがない。ミサイルも三〇〇〇キロは飛ばせるし、アメリカのCIAなどは、早ければ二〇一八（平成三〇）年の六月頃に北朝鮮はアメリカ本土に到達する大陸間弾道弾に、核を搭載できるようになるかもしれないと警戒していた。

つまり、「本土決戦」をアメリカがしないための「絶対国防圏」に、北朝鮮が軍事的に迫ったのだ。

核ミサイルは、現在世界で九カ国が保持している。

二〇一七（平成二九）年七月時点のデータでは、ロシアが七二九〇発、アメリカが六八〇〇発、フランスと中国が約三〇〇発、イギリスが二一五発。以上は第二次世界大戦の連合国側の五大国で、連合国の核不拡散条約によって、核保持が認められている。

それ以外に、パキスタンが約一四〇発、インドが約一三〇発、イスラエルは核ミサイルの存在自体を曖昧にしているものの推定では約八〇発、そして北朝鮮が推定で二〇発程度を所有していると考えられている。

アメリカ本土を攻撃できる核ミサイルの数で言えば、ロシアや中国の脅威は北朝鮮よりはるかに大きいが、問題は、新たな国家元首となった金正恩《キムジョンウン》委員長が、アメリカ本土を核攻撃するぞと、脅迫をしてみせたことにある。

もし平壌から、アメリカに向けて核ミサイルが発射されれば、その到達時間は、首都ワシントンDCでは四一分、ニューヨークで四〇分三〇秒、ロサンゼルスは三八分、アンカレッジは二九分、ホノルル三七分、グアム一八分と推定されている。

つまり、東京大空襲ではグアムから飛び立ったB‐29は、時速五〇〇キロ、約六時間をかけて三〇〇〇キロを飛んできたが、いまや北朝鮮は、三～四〇分で「米国本土空襲」をすることが可能となりつつあるのだ。

北朝鮮が弾道ミサイルに搭載できる核弾頭は、最大で五〇キロトンと考えられている。広島に投下実験されたウラン爆弾は一二～一八キロトン、長崎に投下実験されたプルトニウム爆弾は、一八～二三キロトンと推定されている。

つまり、広島や長崎を一瞬で焦土と化した核爆弾と、ほぼ同程度の核攻撃を、アメリカ本土に対して実行できる「秒読み」段階に、北朝鮮が達したということなのだ。CIAにとっても、これは脅威に映った。

## アメリカと北朝鮮の特殊事情

もちろん、アメリカはロシアや中共の核ミサイル攻撃に対しても防衛体制を取っているので、迎撃態勢はあるのだが、そもそも核ミサイルの撃ち合いは、限りなく非現実的な展開である。核保有国同士が、数千発も所有する核ミサイルを背景に撃ち合いとなるなど、まず有り得ない。だからこそ、戦略核兵器は、戦争抑止力を持つ兵器なのだ。

ただし、北朝鮮とアメリカとの間には、ロシアや中共とは違った事情がある。

それは、いまだに北朝鮮とアメリカを主力とする連合国（外務省は「国際連合」と訳したが、第二次世界大戦の連合国）が、戦争中であることだ。

一九五〇（昭和二五）年に勃発した朝鮮戦争は、一九五三（昭和二八）年七月二七日に、いわゆる「休戦協定」を締結した。正式な協定名は次の通りだ。

「朝鮮における軍事休戦に関する一方の連合国軍司令部最高司令官と他方の朝鮮人民軍最高司令官および支那人民志願軍司令員との間の協定」

その要旨は、「最終的な平和解決が成立するまで朝鮮における戦争行為とあらゆる武力行使の完全な停止を保証する」というものである。

つまり北朝鮮とは、戦争中、という特殊事情がある。戦争行為や武力行為の完全停止ではあるが、講和条約の締結に至っていないので、戦争は終わっていない。

北朝鮮は、これまでもアメリカと講和条約を締結する話し合いをしたいと主張してきたが、アメリカ側がこれに応じてこなかったのだ。

アメリカと対等に交渉をするには、核保有国とならなければならない。その思いは、金日成から金正日、そして三代目の金正恩まで一貫したものだった。

いや、広島、長崎の例もあり、また朝鮮戦争で連合国軍最高司令官だったマッカーサーは原爆投下を主張したのだから、核攻撃を受けないためには、自らが核戦力を持つしかないという必死な思いがあったろう。

核を持ちさえすれば、アメリカは容易に北朝鮮を攻撃できない。ましてや核爆弾を投下することはできない。

そのときに初めて、北朝鮮はアメリカと対等の交渉力が持てる。

これが金王朝三代にわたる「家訓」だった。

## 金日成に会った日

一九六四（昭和三九）年に来日して以来、私は半世紀以上のほとんどを外国特派員として日本を拠点に活動してきた。

しかし、当時の私の取材の対象とする範囲は、東アジア・東南アジア全域に及んでいた。例えば、北朝鮮については、西側メディアとして初めて、建国の父である金日成とも面会した。あるいは韓国の金大中《キムデジュン》大統領には三〇回以上も取材で会っている。

私は当時、欧米メディアでは、アジアで最も経験の豊富なジャーナリストだったと自負している。

私が北朝鮮を訪問して金日成に会ったのは、光州《クワンジュ》暴動の直後の一九八〇年六月のことだった。

一九八〇（昭和五五）年五月一七日、韓国で全斗煥《チョンドファン》らによるクーデターが勃発して金大中が逮捕された。それを契機として、一八日から学生らの抗議デモが始まった。

戒厳令が敷かれ、軍が暴動の鎮圧に乗り出した。しかし、抗議デモは一般大衆にも拡大、二〇万人規模となり全羅南道《チョルラナムド》一帯に広がった。大衆は武器庫を襲い、軍と銃撃戦を展開、全羅南道の道庁を占拠した。しかし、五月二七日に韓国政府によって鎮圧された。

しかし、アメリカは、朝鮮半島情勢が極めて緊迫していると受け止めていた。まさに一触即発の危機にあり、再び武力衝突が起きることを恐れていたのだ。それも、光州暴動のように局所的なものではなく、朝鮮半島で全面戦争が起こることを懸念していた。

そのような情況の中、アメリカの要人を北朝鮮に訪問させるミッションが実行へと移された。「韓国が北朝鮮を刺激したり、攻撃を仕掛けたりすることはない」「戦争が勃発することはない」というメッセージを北朝鮮の国家元首にハッキリと伝えることが目的だったが、全てアメリカ政府の掌握下で行われた。

それにしても、誰がそのメッセージをどうやって伝えるかが問題だった。なかなか難しい任務である。一〇年かけても、北朝鮮でそんな目的を達成できるかは定かではなかった。

そんな中、ニューヨーク州選出のスティーブ・ソラーズ下院議員に白羽の矢が立った。メディアの同行も許され、『ニューヨーク・タイムズ』からは、私が一人だけ同行することになった。

当時、私は『ニューヨーク・タイムズ』の東京支局長だったが、同時にソウル支局長も兼任していた。金大中に三〇回以上も単独インタビューができたのも、私が『ニューヨーク・タイムズ』のソウル支局長だったからだ。

さて、『ニューヨーク・タイムズ』社として、誰をスティーブ・ソラーズ下院議員に同行して、北朝鮮に派遣すべきか。

結局、『ニューヨーク・タイムズ』では判断がつかず、本家の『ロンドン・タイムズ』社に人選を依頼し、私が適任だとの判断が下ったのだ。

ニューヨーク側が北朝鮮と交渉し、招待状が私に届いた。だが金日成との会談には同席しないという条件付きだった。握手はできるが会談には立ち会えないという話だった。それでも北朝鮮に入国して金日成と直接会える機会は貴重だった。

こうしてソラーズ下院議員と私は、北朝鮮に入国した。ソラーズ議員にはアメリカ政府の目付役がついていた。国務省かＣＩＡだったろう。

ハッキリとは覚えていないが、恐らく滞在四日目だった。重要な人物と引き合わせると言われて、私は期待に胸を躍らせた。

我々一行はまず平壌空港へ連れていかれて、飛行機で北東へ移動して小さな空港に降り立った。場所がどこかはまったく知らされなかった。そこから車で山をいくつか越えて、目的地にたどり着いた。

そこは、別荘のようだった。我々は丘の上へと車で坂を上り、ちょうどゴルフ場のクラブハウスのような木造の平屋の建物の前で車から降りた。さらに丘を歩いて登っていくと、人民服を着た男が、立って我々を出迎えてくれた。

金日成だった。首の後ろにこぶが見えた。間違いなく本物の金日成だと思った。影武者ではなかった。

金日成は、まずソラーズ下院議員に挨拶をし、続いて私に挨拶をした。その場には『タイム』誌とアメリカNBCテレビ記者もいたが、私がメディアの代表だった。

同行した米国務省の若い無垢なアメリカ人が「報道関係者はダメだ」と小声で繰り返し訴えた。ソラーズ下院議員は、国務省から金日成との会談内容は報道陣には取材させないよう、強く言われていたからだ。

金日成と握手をする著者

アメリカからの金日成へのメッセージは、「アメリカは全力を挙げて戦争の暴発を防ぐ努力をする」というものだった。そこには、アメリカが金日成体制を守ることも盛り込まれていた。

私は記者として「歴史的な機会だ」と思った。ここに来られる西側の人間は、まさにひと握りしかいない。『ニューヨーク・タイムズ』のアメリカ人記者のハリス・サリスベリーが一九七一年に入ったのが最初で、私は『ニューヨーク・タイムズ』の記者としては二番目だったし、イギリス人記者としては初めてだった。

私は幸運にも、平壌郊外にある金日成の宮殿で五日間を過ごす機会を与えられた。そこはまるで、ヴェルサイユ宮殿の軍事版のようだった。堀に囲まれた広大な敷地にあって、数え切れないほどの部屋があった。

バスルームも普通のホテルの一〇倍か二〇倍もの広さで、世界中から集められたあらゆる香りの石鹸や香水が置かれていた。

平壌に滞在している間、毎晩パーティーがあり、私はその様子を記事に書いて送っていた。毎晩、一一時になると車が迎えにきた。一人でそれに乗って郵便局へと向かった。ニューヨークへ記事を送るためだった。

私は北朝鮮に滞在している期間中、北朝鮮側の高官とずっと一緒にいた。

彼らは立派な人物のように思えた。威厳があり、アメリカに対する北朝鮮の政策について、常に論理的で一貫した説明を行った。それには私も感銘を受けた。

北朝鮮の高官は高尚な精神を持っていると思った。それは韓国の高官たちとはまったく違っていたからだ。

私が取材を通して接した韓国の高官たちは、金と私利を第一にしているように感じられたものだったが、北朝鮮の高官たちはまったく対照的だった。高官はそういう世俗的な欲求から離れ、北朝鮮の政策や理想、そして信念を語った。その口調からは独立国の気概といったものが伝わってきた。

当時、韓国政府はアメリカにベッタリと依存しており、政府の高官たちはそんな中で目先の利害ばかりに目を向けていたように感じられた。それに対して北朝鮮の高官からは、他国への依存心はまったく感じられなかったのだ。

私は、威厳があり、紳士的で静かに物事を語る北朝鮮高官に感心した。そしてそれを記事にしてアメリカへと送った。西側記者で、私のように「北朝鮮高官に威厳を感じた」と記事や論評に書いたものは一人もいなかった。

だが、それが北朝鮮のごく一面であることに気づかされるまで、それほど時間はかからなかった。

## ポーカー・フェイスの達人たち

私は高級車の後部座席に乗って観光をする機会も与えられた。中央官庁の建物や、大規模な集団農場などを見て回った。そのときに、私は平壌の郊外で偶然、一五台ほどのトラックの車列とすれ違った。そのトラックは大勢の男たちを運んでいた。彼らはそれまで私が会っていた高官たちとはまったく違っていた。

男たちは皆、悲惨な環境にいたことが一目でわかる目つきをしていた。私は政治犯収容所から運ばれてきたと直感した。

北朝鮮のリーダーたちと政治犯収容所の囚人との大きなギャップに北朝鮮の現実を感じて、大きなショックを受けた。

私が北朝鮮に行ったのは、前述したようにアメリカと北朝鮮の関係を改善するのが目的だったが、そのとき北朝鮮の真の姿にハッキリと気がついた。

北朝鮮は絶対的な独裁国家で、金日成を頂点とする政権が軍隊も完全にコントロールしていた。もちろん言論の自由などなかったし、政治犯は容赦なく収容所に入れられる。私はトラックで運ばれていた男たちを目にして、独裁国家・北朝鮮の真実を垣間見ることになったのだ。

北朝鮮の高官たちは、いわばポーカーゲームの達人のようなものだった。日々、我々には偽装した姿を見せ、その一方では恐怖政治を敷き、自国民を徹底的に弾圧して、見せかけの国家運営をしていたのだ。

私は北朝鮮が制作したオペラも鑑賞した。舞台上では、テナーの美しい歌声を持った主人公がジャーナリストの役を演じた。なんとも皮肉な話だった。ジャーナリズムなどまったく存在しない国の政府が、外国人記者にジャーナリストの芝居を見せて、心から歓迎するそぶりを見せていたのだ。

北朝鮮が準備した接待の演出は、全てコミカルでドラマチックだった。それはいまも延々と続けられている。

## 安倍首相に拉致問題の解決を期待する

安倍晋三首相が拉致のことを知ったのは、一九八八（昭和六三）年の秋のことだったという。当時は、まだ父である安倍晋太郎議員の秘書をしていた。

ある日、安倍晋太郎事務所を有本恵子さんのご両親が訪ねてきた。

有本さんは、二三歳のときにロンドンで行方不明となったが、一九八八（昭和六三）年になって、有本さんが平壌にいることがわかった。

有本さんと一緒に暮らしていた拉致被害者が、平壌で会ったポーランド人に手紙を託したところ、それが北海道の実家に届き、そのコピーが有本家に送られてきたという。

北朝鮮に拉致されたと知ったご両親は、社会党の土井たか子議員の事務所に行ったが、「お気の毒ですねえ」と秘書に言われただけで、終わってしまった。

仕方なく夫妻は、一九八二（昭和五七）年から外務大臣に二度就任したことのある安倍晋太郎事務所を訪れたのだ。

秘書の飯塚氏が警察庁と外務省に同伴したが、期待したような結果は得られなかった。しかし、このことがきっかけとなって、安倍晋三という政治家と拉致問題を深く結びつけてゆくことになる。安倍首相の著書『美しい国へ』から引用しよう。

九七年に「北朝鮮による拉致被害者家族連絡会」（家族会）が発足した直後、わたしたち国会議員は、仲間をつのって「北朝鮮拉致疑惑日本人救援議員連盟」（旧拉致議連）を立ち上げた。拉致問題にようやく光があたりはじめたのは、その頃からだった。被害者の家族は長い間、孤独な戦いをしいられてきた。日本で声をあげれば、拉致された本人の命が保証されないと脅され、個別にツテをたどって情報を集めるしかなかったのだ。外務省は一貫して、「外交努力はしているのだから、静かにしてほしい」という態度だった。国に見捨てられたかれらが、悲痛な思いで立ち上がっているのだ。わたしたち政治家は、それにこたえる義務がある。

わたしを拉致問題の解決にかりたてたのは、なによりも日本の主権が侵害され、日本国民の人生が奪われたという事実の重大さであった。

工作員がわが国に侵入し、わが国の国民をさらい、かれらの対南工作に使ったのである。わが国の安全保障にかかわる重大問題だ。

安倍首相は、「拉致事件は、明確に主権侵犯行為である」と位置づけている。領海を侵犯して、工作船が日本本土に上陸し、日本国民を拉致して本国に連れて帰る。これは、明々白々「テロ」行為であろう。その「テロ」が北朝鮮政府によって、日本国内で実行されたのだ。そのことを、南北融和の「お芝居」で、さらりと忘れてしまうほど、私は「能天気」にはなれないのだ。

安倍首相が、拉致された被害者を奪還する日が来ることを、ご家族の皆さんと共に心待ちにしている。

# 第二章　歴史から紐解く「北の脅威」

## 神功皇后の「三韓征伐」

神話の世界のことと言われるが、神功《じんぐう》皇后の「新羅征討《しらぎ》」は実際にあったことだともいう。この逸話は、『古事記』にも、『日本書紀』にも出てくる。

それだけではない。日本が朝鮮半島に出兵したことは、朝鮮の歴史書である『三国史記』の新羅本紀や、高句麗《こうくり》の「広開土王碑文《こうかいどおうひぶん》」、さらには新羅が日本に朝貢していたと記された「梁《りょう》職貢図《しょくこうず》」などにも、記録が残されているからだ。

神功皇后は、一四代仲哀《ちゅうあい》天皇の皇后で、一五代応神《おうじん》天皇の母にあたる。

仲哀天皇の父は、いわずと知れた日本武尊《やまとたけるのみこと》で、一二代景行《けいこう》天皇の皇子である。

日本書紀によると、神功皇后は仲哀天皇と共に、朝廷にまつろわぬ熊襲《くまそ》を討伐するため、香《か》椎宮《しいのみや》（福岡・博多にあった）を訪れた。仲哀八（一九九）年九月のことである。

神功皇后は、そこで神懸《が》かりし、神託《しんたく》を受けたのだ。

神功皇后の三韓征伐

その神託は、「熊襲よりも、金銀が豊にある西方の国（新羅）を攻めよ」というものだった。

仲哀天皇は訝《いぶか》し気に思い、高い丘に上がって海の向こうを見たが、そんな国は見えない。そこで仲哀天皇は、神に「なぜ欺くのか」と問い質す。

すると神は、「汝《なんじ》はその国を手にすることはできないが、汝の子は手にするだろう」と、そう告げるのだった。

仲哀天皇は、そうした神のことばを無視して、熊襲征伐を続けたが、ついには敗北。翌年二月には、なんと香椎宮で崩御してしまったのだ。

天皇の崩御は神託を受け入れなかったためだと思われた神功皇后は、斎宮《さいぐう》を建て神を祀った。すると、再び新羅征討の神託が降りたのだった。

神功皇后が、神に名を尋ねると、「神託は、天照大御神の意思で、伝えるように命じられたのは、住吉三神である」との答えであった。

この神託を受けて、神功皇后は住吉三神の加護を受け、筑紫《つくし》（福岡県）から軍を率いて船出し、朝鮮半島を目指した。神功皇后の軍船は、風の神が巻き起こす波に押され、また水中の魚が船を支えて泳いだために、あっと言う間に海峡を渡り、さらに神功皇后が起こした大波に新羅は呑まれてしまった。

新羅の王は、「吾聞く、東に日本という神国有り。亦《また》天皇という聖王あり」と、そう言って白旗を掲げ、戦うことなしに日本に降伏して、朝貢を誓ったのだった。

同様に、高句麗、百済《くだら》も朝貢を約束したために、この神功皇后の朝鮮征討は、「三韓征伐」としても、知られている。

## 「広開土王碑文」論争が明らかにしたこと

神功皇后の「三韓征伐」は、古事記や日本書紀に描かれている「神話」だが、朝鮮や支那の史書にも、四世紀後半から大和朝廷が朝鮮半島南部へ進出し、支配力を及ぼしていたことが書かれている。

例えば、「広開土王碑文」には、「倭国が朝鮮半島に進出して、百済や新羅を臣従させ、高句麗と激しく戦った」ということが記されている。

この碑文については、在日朝鮮人で和光大学名誉教授となった李進熙《イジンヒ》が、司馬遼太郎や松本清張ら歴史作家と対談して話題となった。

李の主張は、「好太王碑文改竄説」として知られる。端的に言えば、大日本帝国陸軍が、朝鮮半島への侵攻を正当化するために、「広開土王碑文」に手を加え、改竄したという説だった。日本軍が碑面に石灰を塗布して改竄したと、拓本の精査をもとに主張したというのだが、二〇〇五（平成一七）年六月に、原石拓本が発見され、改竄がなかったことが逆に証明された。

つまり、古事記も日本書紀も、「神話」の世界の延長線上にあるとは言っても、古《いにしえ》の日本が置かれた、朝鮮半島や支那大陸とのパワーゲームを、かなりのリアリティを持って伝えているということだ。

日本の父祖たちが、往古、朝鮮半島とどう対峙し、支那大陸に出現する強大な帝国が朝鮮半島に及ぼす脅威に対して、いかに緊迫感を持って「国防」を担ってきたかが、ひしひしと伝わってくる。

いわば、日本人の遺伝子の中に刻印されている「北の脅威」は、古事記や日本書紀の中に、見いだせるのだ。

## 南朝鮮の政治と軍事を担った「任那日本府」

「任那《みまな》日本府」の存在も、興味深い。

私は『新しい歴史教科書』（自由社）が、「任那日本府」をどう説明しているか調べてみた。すると、「倭（日本）は、加羅《から》（任那）を根拠地として百済を助け、高句麗に対抗」と記述したところ、文科省より検定意見がついて、「近年は任那の恒常的統治機構の存在は支持されていない」と付記したようだ。

私の出身校であるオックスフォード大学の出版局がつくった歴史教科書には、「五世紀の日本の勢力は朝鮮半島南部まで支配した」と書かれている。この教科書は世界五〇カ国以上で使われているという。

アメリカのプレンティスホール社の教科書『世界文化』には、「西暦四〇〇年ごろ、日本はいくつかの氏族が連合して日本の大半を統一し、朝鮮南部の地域を統治するまでに至った」と記述している。

アメリカの議会図書館の説明や、コロンビア大学のオンライン百科事典には、「古朝鮮は紀元前一二世紀に中国人が朝鮮半島北部に建てた国だ。その当時、朝鮮半島南部は日本の大和朝廷の支配下にあった」と書かれている。

中共の外務省ウェブサイトの日本紹介欄には、「五世紀はじめ、大和国が隆盛した時期に、その勢力が朝鮮半島の南部まで拡大した」と書かれていた。しかし、韓国政府の抗議で、中共政府は、なんと日本紹介欄から第二次世界大戦以前の日本史は、全て削除してしまったという。韓国側は、この「任那日本府」については、どうしても認めたくないという感情が先走っているようだ。朝鮮半島が日本の支配を受けていたというのは、民族的イデオロギーで受け入れ難いというのが本音のようだ。

第一次安倍内閣の主導で、二〇〇二（平成一四）年から行われた「日韓歴史共同研究」でも、日本側が、「『宋《そう》書』倭国伝で、倭国の王の武が、宋の朝廷から、倭、新羅、任那、加羅、秦《しん》韓《かん》、慕韓《ぼかん》の六国諸軍事安東大将軍に封じられている記述があるのに、日本の朝鮮半島南部の征服や支配がまったくないと結論を出すのは不自然だ」と指摘すると、韓国側は、日本の支配があったことに否定的な意見を出し、全般的に倭（日本）の朝鮮半島への影響力をできるだけ小さく見ようとしていたという。

作家の呉善花《オソンファ》氏が、日本外国特派員協会に友人を誘って昼餐会を催したことがあった。外交評論家の加瀬英明氏や弁護士のケント・ギルバート氏ら三〇名ほどが集まったが、歴史学者の宮脇淳子博士も来ておられた。体が不自由な私にとても親切にしてくれた。宮脇氏は、次のように述べている。

かつて朝鮮半島にあった「任那日本府」とはどういうものであったかというと、商業ルートの洛東江沿いに建設された都市同盟である「任那」諸国の中に、倭人の「将軍府」、つまり軍団司令部と屯田兵があったと考えられる。

支那や朝鮮は、文明や文化は、支那大陸から朝鮮半島を渡って日本に渡来したと、そういう立場だから、日本列島から逆に朝鮮半島に、日本が進出されるのは都合がよくないのだ。

だが、朝鮮にある最古の歴史書は、一二世紀に編纂された『三国史記』で、朝鮮の古代の史書はまったくない。古代朝鮮史というのは、実は『日本書紀』の引用なのだ。そして都合の悪いところだけは、改竄して韓国の「愛国イデオロギー」にマッチするように、書かれているのだ。

考古学的には、新羅、百済、加羅が勢力を誇った一帯で、日本の糸魚川《いといがわ》産のヒスイでつくられた勾玉《まがたま》が大量に出土している。最新の化学組成の検査によって、こうした勾玉のヒスイの産地が糸魚川であることが証明されている。さらにヒスイの加工技術を持っていたのは、古代では日本の縄文時代と南米のマヤ文明だけであることから、こうした文化が日本から朝鮮半島へと伝わったことがわかる。

また日本列島でつくられた前方後円墳が、朝鮮半島の全羅南道で発見されたが、この一帯は、任那四県と呼ばれた地域である。こうした証拠は、「任那日本府」が存在したことの有力な傍証であると言えよう。

二〇一五（平成二七）年四月六日に検定合格した中学校教科書に対し、韓国のマスコミが非難の声を挙げた。「任那日本府」の記載があったからだ。

韓国の李完九《イワング》前首相は、「歴史歪曲」であると発言し、さらに韓国の国会は「東北アジア歴史歪曲対策特別委員会」を設置し、「安倍政権の独島《ドクト》（日本名・竹島）の領有権の侵奪および古代史の歪曲に対する糾弾決議案」を採択した。

しかし任那については、『日本書紀』の崇神《すじん》天皇から天武《てんむ》天皇の条にかけて数多くの記録があるというだけではない、支那の史書『宋書』にも、四三八年条に「任那」とあり、四五一年条には「任那、加羅」と二国が併記されている。朝鮮で四一四年に建立された「広開土王碑文」にも、永楽一〇年（西暦四〇〇年）条に「任那加羅」と刻印されている。

いまの韓国は、政府や学界が、民族の誇りを養うとの目的で、「民族史観」を掲げて実証主義の歴史認識を積極的に曲解しているのだ。

文献からも考古学からも、卑弥呼《ひみこ》の時代から「倭の五王」の時代にかけて、朝鮮半島南部が倭（日本）の統治下にあったことは、史実として受け入れるしかないのだ。

では、なぜ日本は、「任那日本府」を南朝鮮に設置したのであろうか。

## 三〜四世紀の日本と朝鮮の関係

前述したように、広開土王碑には、四〇〇年条に、『宋書』では四三一年条に「任那」の記述がある。五世紀のことだ。

しかしそれ以前から、日本が朝鮮半島に進出していた証拠が朝鮮半島に残されている。釜山《プサン》の金海《キメ》地区にある二〜三世紀の墳墓群から出土した小型仿製鏡《ぼうせいきょう》や中広形銅矛《どうほこ》は、弥生時代後期に九州の北部で製作されたものだ。同じ金海の四世紀の墳墓群からは、巴形《ともえがた》銅器、碧玉製石製品、筒型銅器などが出土している。これらは、畿内にあった大和朝廷の出土品でもある。

また、釜山や慶州《キョンジュ》、馬山《マサン》では、四世紀〜五世紀の日本で日常的に使われていた土師器《はじき》（野焼き土器）が、数多く出土している。このように、当時の日本が、朝鮮半島に進出していたことは、間違いのない史実である。

九州にある宗像《むなかた》大社のウェブサイトでは、以下のように説明している。

沖津宮がおまつりされている沖ノ島は、九州と朝鮮半島とを結ぶ玄界灘のほぼ中央にあります。また、女性はこの島には渡れず、今でも古代からの風習をそのまま守り続けている神の島でもあります。この島からは、鏡、勾玉、金製の指輪など、約十万点にのぼる貴重な宝物が見つかり、そのうち八万点が国宝に指定されました。これらの宝物は国家の繁栄と海上交通の安全を祈るために、神様にお供えされたものです。その内容や遺跡の規模の大きさなどからも、沖ノ島は「海の正倉院」ともいわれています。

宗像大社は三宮から成っているが、本土の宗像市田島にある辺津宮から、大島にある中津宮を経て沖ノ島にある沖津宮まで、玄界灘に延びている。まさしく、古代の日本（倭）を海外からの脅威から護るための祈りの海域でもあったのだろう。

〝海の正倉院〟とは、言い得て妙だ。つまり、大和朝廷はそこまでの財を、沖ノ島の祭祀に投じたのだ。それは、いったいなぜか。

大和朝廷のあった奈良県にある石上《いそのかみ》神宮には、国宝「七支刀《しちしとう》」が存在する。その「七支刀」の銘文には、「秦和四（三六九）年、百済王は、よく鍛えた鉄で立派な刀を、倭王のためにわざわざつくった。後世まで護持されたい」という趣旨が刻印されている。

満洲と朝鮮半島を区切るように流れる鴨緑江《おうりょくこう》の上流地域を支配していたのが、高句麗だった。支那の歴代王朝の冊封体制の中にあって、軍事力を増強し、周辺諸国へ侵攻を度々繰り返していた。百済にも何度も侵攻してきた。

例えば三六九年に、高句麗は二万の軍勢で百済を攻めた。このときは百済が高句麗を破ったが、支那の軍事的な支援を受けて強大化する高句麗に、一国で対峙することは不可能になると、そう百済は判断した。

そんな背景から、三七二年、百済は日本（倭）に朝貢し、七支刀を贈ったのである。

三七六年、支那で前秦《ぜんしん》が北部を統一する。すると高句麗は、前秦に朝貢しその属国となった。そのことにより高句麗は朝鮮半島での軍事的影響力をどんどんと高めていったのだ。

そうした状況を受けて、三八一年、百済は日本（倭）との協力関係を強化したのだ。これは百済が高句麗と戦火を交える準備であったとも考えられる。

広開土王碑とは、高句麗の広開土王を顕彰するものであるが、そこに日本（倭）は、強国として描かれている。

三九一年　日本（倭）が百残（百済の蔑称）と新羅を「臣民」とした。

三九六年には、広開土王が自ら日本（倭）の「臣民」となって、百残を討伐している。

三九九年には、新羅に日本兵（倭兵）が侵入したと聞いて、高句麗は、新羅の救援を約束する。

四〇〇年、高句麗は新羅を救援するために五万の軍勢を派遣、その勢いに押されて逃げる日本兵（倭兵）を、任那加羅まで追撃している。

四〇四年には、日本の海軍（水軍）が帯方界まで侵入したので、広開土王自らが兵を率いて、日本（倭）に壊滅的な打撃を与えたと記されている。

## 支那の強大帝国の脅威に毅然と対峙した日本

このように、四世紀から五世紀にかけて、日本（倭）は、支那の軍事力を背景に高句麗（朝鮮半島北部が領土）が、朝鮮半島南部に存在する新羅、百済といった国々を、その軍事的制圧下に取り込もうとする脅威と対峙していたのだ。

そしてさらに大きな脅威となってきたのは、巨大な軍事力を持って「支那本部」（万里の長城の城壁の内側の地域）を統一しようというような巨大帝国の出現である。

五八一年、隋《ずい》という巨大帝国が支那を統一した。

隋の文帝、煬帝《ようだい》の時代には、なんと四度にわたる大規模な「隋の高句麗遠征」が行われた。いずれも失敗に終わり、六一八年には内乱によって、煬帝が殺害され帝国は滅んでしまった。

しかし、支那の覇権の衝動は、まったく衰えることがなかった。

六二八年には、新たに建国された帝国・唐《とう》が、支那本部を統一。大帝国の唐は、太宗《たいそう》、高宗《こうそう》の時代にあたる六四四年、六六一年、六六七年と三度にわたって「唐の高句麗出兵」という軍事侵攻を行ったのである。

実は日本が、第一回遣隋使派遣を行ったのが、西暦六〇〇年である。

もちろんそこには、支那に出現した大帝国から歴史や文化を学ぼうという理由もあったろう。しかし、それだけではない。日本は、確固たる独立主権国家であるということを明確にする必要があったのだ。

五九三年、推古《すいこ》天皇がご即位された。日本初の女性天皇である。

その摂政となったのが、弱冠二〇歳の聖徳太子だった。

翻訳者の藤田裕行氏とも、この日本の置かれた地政学的位置についてはずいぶんと議論をしたが、支那に覇権を目指す巨大な帝国が出現することは、日本の安全保障上で極めて由々しき事態なのだ。

そんな事態が、いまからおよそ一四〇〇年前に勃発したのだ。その隋の高句麗遠征は、異様な緊迫感を日本に及ぼした。

もし、朝鮮半島が支那の領土となれば、匕首《あいくち》のように大陸から日本列島に突き立てられた朝鮮半島を経て、いつ支那の大軍が日本を襲ってこないとも限らない。

否。日本を襲ってこないという保証など、どこにも存在しなかった。

だから、日本も「帝国《みかどのくに》」として、急速にその体制を確立しなければならなかったのだ。

支那大陸の覇権帝国の脅威が、日本の独立主権国家としての意識を、急速に高め、確立させたのだ。

六〇三年には、「冠位一二階」の制度が確立され、六〇四年には、いわゆる「一七条憲法」が定められた。

そして、六〇七年には、聖徳太子の命を受けて、小野妹子《おののいもこ》が「国書」を持参し、第二回の遣隋使派遣が行われたのだ。

その内容は、「日出る処の天子、書を日没する処の天子に致す。恙無《つつが》きや」というものだった。華夷《かい》秩序によれば、朝鮮半島の冊封国は、支那の皇帝よりも下位と位置づけられる。それより外にある日本など、もっと下等で野蛮な存在であったのが、まったく対等な立場で国書をよこしたのだ。

そして翌年の六〇八年には、第三回の遣隋使が派遣されている。

そのときは、「天皇」という表現を使ったのだ。

そもそも「天子」とか「皇帝」という地位は、天から地を統治する権限を与えられた唯一の存在に与えられるというのが、易姓革命の思想だ。

その「天子」あるいは「皇帝」が徳を失うと、革命が起こり新たな天命を受けたものが統治をする権限を得るようになる。

日本は、支那にはなかった「天皇」という新しい存在を示す表現によって、支那皇帝と対等の国家元首であることを主張するのである。

「東天皇敬白西皇帝」（東の天皇、敬《つつし》みて西の皇帝に白《もう》す）

こうして日本は、冊封体制に一線を画して、独立自尊の気概を貫いたのである。

## なぜ大化の改新は起こったのか

この時代には、支那と朝鮮半島と日本が、「力の均衡」に至るために、鎬《しのぎ》を削っていたのだ。

平和とは、軍事力の「均衡点」に醸し出されるものなのだ。

その「力の均衡」が崩れると、一方が他方へと軍事的侵攻を強める。そんな「均衡点」に至る過渡期でもあった。

前述したように、日本（倭）は、遣隋使を派遣して支那に出現した巨大帝国の情報を収集していた。

これは、一般には「先進文化を取り入れるために、学ぶのが目的」とされているが、実質は公然とした仮想敵国の情報収集活動だった。

しかも、その隋は、度々朝鮮半島へ軍事侵攻を繰り返していた。日本（倭）としては、隋との軍事衝突は避けたい。どうすれば軍事衝突を回避して、平和を維持できるか。それを模索するのが、遣隋使の「本音」だった。先進文化を学んで日本（倭）に取り入れたことは言《げん》を俟《ま》たないが、急速にそれを実行した動機は、国防だ。日本（倭）を、独立自尊の主権国家として防衛するには、様々な先進技術やシステム、制度を取り入れて「自家薬籠中の物」とする。これが、日本の流儀である。

戦国時代も、徳川幕藩体制も、明治維新も、対米戦争に敗れた「戦後」も、日本はそうした「お家芸」を発揮した。

七世紀半ばの日本（倭）は、まさに、その「お家芸」を発揮した嚆矢《こうし》と言っても良い。外的な脅威が、国内の「進化」（維新）を、促したのだ。

大化の改新は、そうした外的脅威から断行されたのだ。

蘇我稲目《いなめ》、蘇我馬子《うまこ》、蘇我蝦夷《えみし》、蘇我入鹿《いるか》。この蘇我氏四代の専横政治から、天皇に「大政奉還」し、天皇親政の政治を実現するというのが、中大兄皇子《なかのおおえのおうじ》・中臣鎌足《なかとみのかまたり》の決起だった。

皇極《こうぎょく》天皇四（六四五）年六月一二日、二人は蘇我入鹿を暗殺、翌日には蘇我蝦夷が邸宅に火を放って自裁し、蘇我氏本宗家が滅亡した。干支にちなんで「乙巳《いっし》の変」とも呼ばれている。

皇極天皇は中大兄皇子に譲位を望んだが、中大兄皇子と中臣鎌足の合議もあり、皇弟だった軽皇子《かるの》が孝徳《こうとく》天皇として即位し、中大兄皇子が皇太子となったのだった。

六月一九日、孝徳天皇と中大兄皇子は、群臣を大樹の下に集め、「帝道は唯一」「暴逆は誅した」「これより後は君に二政なし、臣に二朝なし」と、そう神々に誓った。

このときに、日本の国史で初めて「元号」が定められた。その元号が、「大化」である。

大化二（六四六）年に発布された「改新の詔」によって、政治改革が実行された。いわゆる「大化の改新」である。

「天皇」という称号、「日本」という国名も、このときから正式に使われ始めた。

## 白村江の戦いの敗北と「防人」の配備

「白村江《はくそんこう》」と読むと、川の名前と勘違いをしやすい。現在は「錦江《きんこう》」と呼ばれる白江《はくこう》が、黄海に流れ込む海辺を、「白村江《はくすきのえ》」と呼んだのだという。

白村江の戦いは、その錦江の河口付近で行われた、日本（倭）と百済遺民の連合軍と、唐と新羅の連合軍との戦闘であった。天智《てんじ》天皇二（六六三）年のことである。

白村江の戦いは、日本の歴史上、極めて重要な転換点にあるので、少しその背景に触れておきたい。

六二七年、百済は新羅に軍事侵攻した。新羅は、唐に支援を求めたが、内戦の渦中にあった唐は、その要請に応じられなかった。

しかし、朝鮮半島の高句麗と百済が、対支那という観点で唐を両国共通の敵としたことから、唐は、逆に朝鮮半島の三カ国のうちで新羅を冊封国として支援するようになった。

特に新羅の金春秋《きんしゅんじゅう》は、六五四年に武烈王として即位すると、唐への忠誠心を顕わにした。

一方で百済は、新羅への軍事侵攻を繰り返していた。六五四年に大干ばつが朝鮮半島を襲うと、百済は飢饉に苦しんだ。しかし義慈《ぎじ》王は酒色に溺れ、息子である皇太子・扶余隆《ふよりゅう》の宮殿の修繕に財を使うなど、退廃を極めた。

唐は、そうした百済の防衛力の弱体化や人心の乱れを察知、六五九年四月、百済への侵攻を準備する。

日本は、大化の改新に着手して間もなくの頃だった。しかし、唐が朝鮮半島北部の高句麗ではなく、半島南部の百済を攻撃する可能性に震撼した。果たして日本は、唐を敵に回して百済を助けるべきか。外交政策に関する見解は、国を二分した。

遣唐使が派遣された理由は、こうした緊迫した朝鮮半島情勢に対応するためだった。「唐の先進文化を吸収する」というのは、「建前」だった。

そして事態は急展開する。

六六〇年三月、ついに唐と新羅の連合軍が百済へ侵攻したのだ。唐の軍勢一三万は水上から、新羅の軍勢五万は陸上からと、水陸二方面作戦で侵攻した。そして七月一二日、唐軍が王都を包囲、一八日に百済の義慈王が降伏し、百済は滅亡した。

唐が百済を侵略したのは、高句麗を征討する阻害要因を除去するのが目的だった。このため、百済を滅ぼすと唐の軍勢は、高句麗へと向かった。

そのタイミングで起きたのが、「百済復興運動」であった。百済の残党は、小規模な反撃を繰り返し、また新羅軍からも攻撃を受け撃退されたりしていた。

こうした百済遺民に呼応して、百済の遺臣である鬼室福信《きしつふくしん》や黒歯常之《こくしじょうし》らが「百済復興運動」を起こしたのだ。このとき、唐の軍勢は高句麗に向かっていたため援軍を派兵できず、残敵掃討は新羅軍が実施した。

百済復興勢力は、百済王の太子豊璋王を擁立しようと、豊璋王が滞在していた日本（倭）に救援を要請した。中大兄皇子はこれを承諾し、百済遺民を受け入れたことで、さらに唐や新羅との対立を深めた。

六六一年、斉明《さいめい》天皇（皇極天皇重祚《ちょうそ》）は九州へ出兵する途中に、津に立ち寄られ、そこで崩御された。しかし、中大兄皇子は即位せずに政務を代行し、朝鮮半島南部に兵を進めた。

唐・新羅連合軍は、上陸した日本と百済の連合軍を水陸併進して、一気に殲滅《せんめつ》を図った。その軍勢は、六六〇年に百済を滅ぼした唐と新羅の連合軍よりも多かったとされる。

日本と百済の連合軍は、唐・新羅連合軍の待つ白村江河口に四度突撃し海戦となったが、六六三年には新羅水軍に大敗を喫してしまった。

陸上でも唐・新羅連合軍は、日本と百済の連合軍を敗北させ、百済復興勢力は壊滅した。

白村江で敗北した日本の水軍は、亡命を望む百済遺民を船に乗せ、唐・新羅連合軍の追手のなか、なんとか日本にたどり着けたぐらいであった。

この白村江の戦いと同時に、唐は六六六年に高句麗へ侵攻し、三度の攻撃で六六八年に高句麗を滅ぼした。

新羅は、六六九年に唐に対して蜂起し、何度かにわたる戦いの末、六七五年に朝鮮半島は新羅によって統一された。

「防人《さきもり》」の制度は、大化の改新の詔によってできた制度のひとつだが、白村江の戦いでの敗北を受けて、七〇一年の大宝律令、七五七年の養老律令によって、京都の警護にあたる兵を「衛《え》士《じ》」、そして辺境防備の任にあたるものを「防人」と規定し、積極的に運用した。

「防人」は、主として若い東国（東日本）の武士だったが、三年任期で壱岐・対馬に配備された。七五七年以降は、九州からの徴用となった。

日本にとって、「防人」の配備は、朝鮮半島に迫る支那の巨大帝国の脅威から、日本を防衛するためだった。

支那と朝鮮半島と日本の歴史は、まるで半島が緩衝地帯のようになっている。支那帝国の冊封体制に入っているのみでなく、時に支那に強大な覇権帝国が出現すると、途端に半島はその軍事的な前線に変貌してしまう。

そのことが、日本にとって最大の歴史的な脅威、いわゆる「北の脅威」として存在するのだ。

この「北の脅威」は、大きな脅威でない時代もあるが、安心していると、突然に軍事的な脅威として日本に牙をむいてくることがあるというのが、日本の歴史体験と言ってもいい。

## 支那に出現した覇権帝国・蒙古

大陸に強大な覇権帝国が出現したのは、一三世紀初頭の一二〇六年、チンギス・カンがモンゴル帝国を建設したときだ。

モンゴル帝国が最大の版図に達したときは、西は東ヨーロッパ、アナトリア（現トルコ）、シリアに広がり、南はチベット、ミャンマー、そして東は朝鮮半島までと、まさにユーロ・アジア（ユーラシア）全域に及んだ。

その覇権大帝国モンゴルの災禍が日本にもたらされたのは、文永五（一二六八）年正月のことだった。クビライの命を受け、高麗が派遣した使者が日本を訪れ、「蒙古」の存在を伝えたのだ。

蒙古は、寛喜三（一二三一）年から繰り返し高麗に侵攻していた。そして正元元（一二五九）年に、高麗の反蒙古政権・武臣が倒され、高麗は蒙古に降伏した。

文応元（一二六〇）年、蒙古第五代皇帝（大カーン）にクビライが即位すると、蒙古は高麗への武力制圧政策を一転、懐柔政策を取り始める。蒙古の日本侵攻にあたって、高麗から協力を得るためだった。

文永二（一二六五）年、高麗人のモンゴル帝国官吏らが、日本との通交をクビライに進言すると、クビライは日本へ使者を派遣することを即座に決定。文永三（一二六六）年には日本宛の国書『大蒙古国皇帝奉書』を作成、使節団を日本に派遣した。

そのときの国書は、次のような内容だった。

天に守られている大蒙古国の皇帝から日本国王にこの手紙を送る。昔から国境が接している隣国同士は、たとえ小国であっても貿易や人の行き来など、互いに仲良くすることに努めてきた。まして、大蒙古皇帝は天からの命によって大領土を支配してきたものであり、はるか遠方の国々も、代々の皇帝を畏れ敬って家来になっている。

例えば私が皇帝になってからも、高麗が蒙古に降伏して家来の国となり、私と王は父子の関係のようになり、喜ばしいこととなった。高麗は私の東の領土である。
しかし、日本は昔から高麗と仲良くし、中国とも貿易をしていたにもかかわらず、一通の手紙を大蒙古皇帝に出すでもなく、国交をもとうとしないのはどういうわけか。日本が我々のことを知らないとすると、困ったことなので、特に使いを送りこの国書を通じて私の気持ちを伝えよう。
これから日本と大蒙古国とは、国と国の交わりをして仲良くしていこうではないか。我々は全ての国を一つの家と考えている。日本も我々を父と思うことである。このことが分からないと、軍を送ることになるが、それは我々の好むところではない。日本国王は、この気持ちを良く考えて返事をして欲しい。

（玉川大学・玉川学園・協同：多賀歴史研究所　多賀譲治　邦訳を参照）

この国書は、「大蒙古国皇帝」「祖宗（チンギス・カンを意味する）」「上天」などの語を一文字高く、「日本国王」は一文字下げて記述し、日本国王を臣下とする関係を示唆していた（次ページ参照）。しかも、受け入れなければ武力を用いると仄《ほの》めかす、恫喝《どうかつ》的なものだった。

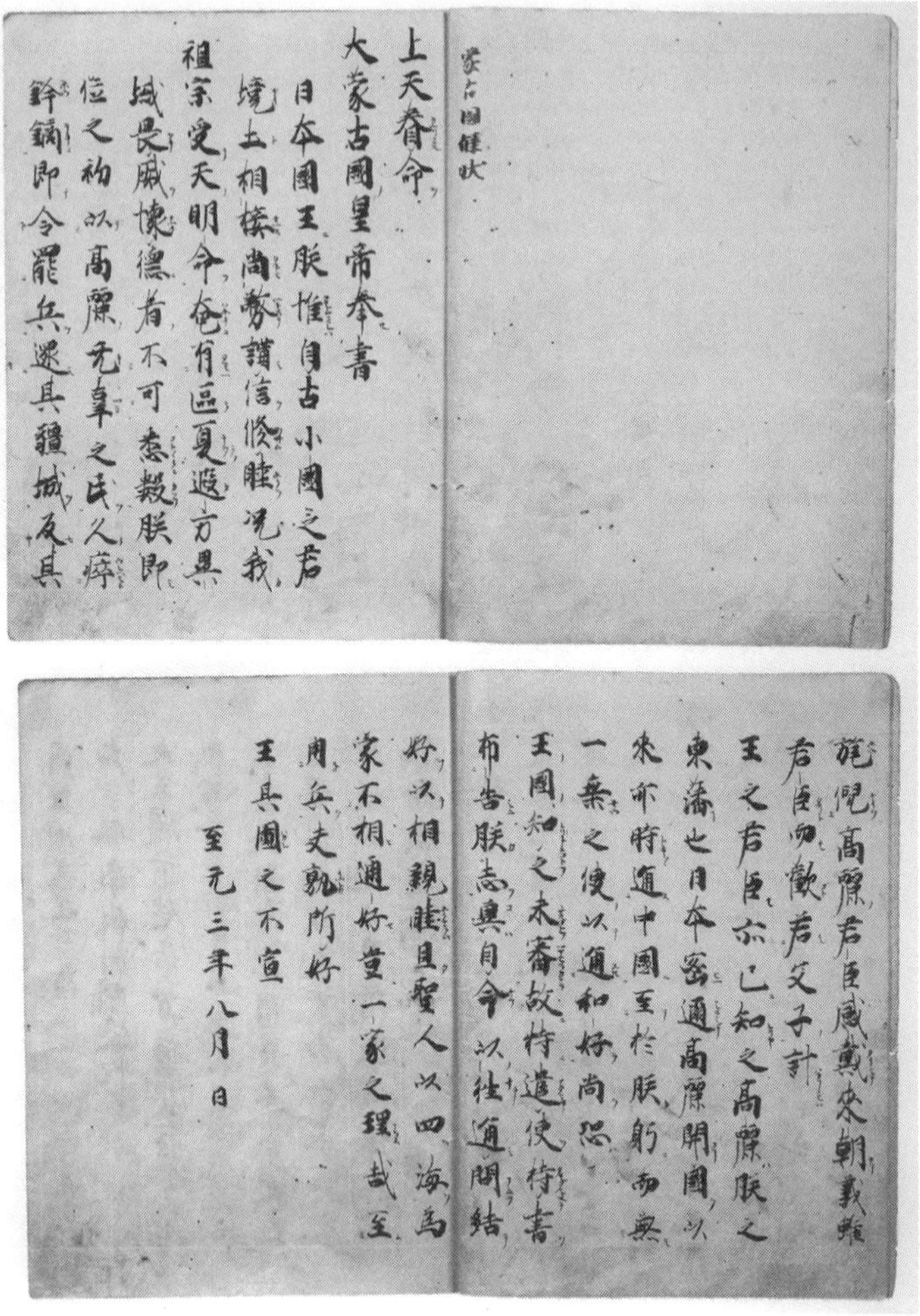
蒙古國牒状

上天眷命
大蒙古國皇帝奉書
日本國王朕惟自古小國之君
境土相接尚務講信修睦況我
祖宗受天明命奄有區夏遐方異
域畏威懐徳者不可悉數朕即
位之初以高麗無辜之民久瘁
鋒鏑即令罷兵還其疆域反其

旄倪高麗君臣感戴來朝義雖
君臣而歡若父子計
王之君臣亦已知之高麗朕之
東藩也日本密邇高麗開國以
來亦時通中國至於朕躬而無
一乘之使以通和好尚恐
王國知之未審故特遣使持書
布告朕志冀自今以往通問結
好以相親睦且聖人以四海爲
家不相通好豈一家之理哉至
用兵夫孰所好
王其圖之不宣
至元三年八月　日

『大蒙古国皇帝奉書』

## 支那の覇権帝国の「前線」となる朝鮮半島の高麗

同年一一月、蒙古から正使の黒的《こくてき》ら使節団が高麗に到着。高麗国王の元宗に日本との仲介を命じ、高麗の枢密院副使・宋君斐《そうくんひ》らが案内役に任じられた。

しかし、軍事費用の負担を恐れた宋君斐らは、黒的ら使節団を対馬を臨む朝鮮半島東南岸にある巨済島《コジェド》に案内すると、「海が荒れ航海は危険だ」とか「日本人は荒々しく礼儀を知らない」などと訴え、使節は高麗の官吏と共にクビライの下に帰朝したのだ。

これにクビライは激怒、高麗が責任を持って日本に使節を派遣し、日本から「要領を得た回答」を持ってくることを元宗に命じた。

こうして高麗国王・元宗は、側近の舎人《とねり》らを日本に派遣したのだった。

当時は鎌倉に武家政権である幕府が置かれていたが、外交は朝廷の役割だった。

文永五（一二六八）年正月、高麗の使節団が太宰府に到着した。大宰府の鎮西奉行は、「大蒙古国皇帝奉書」、「高麗国王書状」、「使節団代表添え状」の三通を受け取り、鎌倉へ送達した。

幕府は、国書を朝廷に回送、蒙古国書への対応のために朝廷では「評定」が連日行われた。

幕府では、同年三月に、北条時宗が第八代執権に就任したが、御家人らに蒙古軍の襲来に備え用心するように通達している。それというのも、鎌倉には南宋から禅僧が渡来しており、幕府はそうした僧侶から、いかにモンゴル帝国が残虐非道を大陸で行ったかについて、情報を得ていたからだ。

文永五（一二六八）年五月、クビライは使節団の帰還を待つことなく、日本征服のために高麗に軍船一〇〇〇艘の建造を命じた。また一〇月には、軍兵一万と軍船一〇〇〇艘の軍勢が整えば、日本を征討すると宣言し、日本侵攻のルートを調査させている。

文永六（一二六九）年二月、クビライは正使・黒的ら七五名の使節団を日本に派遣、対馬に上陸させた。

しかし、日本側から使節の受け入れを拒まれ、対馬の島人であった塔二郎と弥二郎の二名を連れ帰った。クビライは二人に多くの宝物を下賜し、クビライの宮殿を見学させた。二人は大いに感激し、クビライもまた喜び、さらに多くの宮殿や城を見学させた。

文永六（一二六九）年九月、捕らえた対馬の島人二名を護送する名目で、高麗人の使者が太宰府守護所にやって来た。四度目の使節である。

今度はクビライの国書ではなく、蒙古の中央官庁・中書省からの国書と高麗の国書を携えていた。これは、皇帝本人の国書では返書しずらかろうから、下部機関なら返書も可能だろうと、そう判断してのことだった。

朝廷は、評定で、蒙古皇帝への服属要求を拒否することに決し、菅原長成が返書「太政官牒案」の草案をまとめた。内容は次のようなものだった。

事情を案じてみると、蒙古という国号はいままで聞いたことがないし、貴国はこれまで我国との人物往来がなかった。

本朝（日本）は、貴国に何ら好悪の情はないのに、由緒を顧みずに我国に凶器を用いようとしている。

聖人や仏教の教えでは、救済を常とし、殺生を悪業としている。どうして帝徳仁義の境地と称していながら、かえって民衆を殺傷する源を開こうというのか。

およそ天照皇太神（天照大神）の天統を耀かしてから、今日の日本今皇帝（亀山天皇）の日嗣を受けるに至るまで、天皇の国土を昔から神国と号すのである。

知をもって競えるものでなく、力をもって争うこともできぬ唯一無二の存在である。

よく考えよ。

しかし、幕府は返書をしないことを評定によって決定し、朝廷に上奏した。

朝廷は、その幕府の上奏を受け入れ、蒙古の使者は返書を得ることなく、帰還したのだった。

この頃、高麗では軍が反乱を起こしていた。左右の「別抄」と「神儀軍」とを総称して三別抄と呼ばれたが、高麗が蒙古に降伏した後も、南部で抵抗を試みていた。

文永八（一二七一）年九月、三別抄は自らが「高麗王朝」であると称し、日本に数万の軍勢を要請してきた。蒙古と戦うというのである。三別抄は蒙古皇帝に対し、蒙古軍が駐留を止め撤退し、我々が全羅道に居住できるなら、蒙古皇帝に隷属すると伝えていた。問題は、蒙古進駐軍の将軍が撤退しないと強固な姿勢を貫いていることだった。

日本の朝廷では、評定に様々な意見が出て集約ができなかったようである。そうこうするうちに、蒙古（元）は高麗軍を主力とする部隊によって、三別抄を平定してしまった。文永一〇（一二七三）年のことである。

実は、三別抄からの使者が来日した直後、文永八（一二七一）年九月に、元の使者として女真人ら百人余りが、蒙古への服従を命じる国書を日本に持参して来た。高麗に軍事力を集結させての使節派遣で、まったくの砲艦外交だった。

## 支那の覇権帝国による対日砲艦外交

日本側は、大宰府西守護所で使節を受け入れたものの、大宰府より東への訪問は拒否したのだった。使節は、一一月までに回答がなければ、日本を軍事攻撃するという。

これに対し、朝廷は評定により、菅原長成が作成した「太政官牒案」に少し手を入れた程度の返書を手渡し、同時に日本の使節が蒙古の皇帝クビライの下へと派遣されることが決まった。

文永八（一二七一）年一一月、クビライは国号を蒙古から「大元」へと改めた。

翌年一月、日本の使者二六名が、高麗を経由して、元の首都・大都を訪問した。しかし、軍事偵察を疑った元はクビライへの謁見を許さず、使者たちは四月に高麗を経由して、日本に帰国した。

文永九（一二七二）年、元の使節として女真人が訪日した。時の亀山天皇は、クビライに対し、和議を求めた。しかし、南宋より渡来した禅僧の瓊林《けいりん》の妨害により、返書を得ることができなかった。また大宰府から首都・京都に至ることもできず、元に戻ったのだった。

計六回、日本に服属するよう使節を送ったにもかかわらず、日本は隷属することを受け入れない。クビライは、これに激怒、日本侵攻を決意した。南宋も元に対抗する力はなく、朝鮮半島では抵抗していた三別抄も滅ぼされ、いよいよ日本への軍事侵攻に注力できる環境も整っていた。

文永一一（一二七四）年、クビライは、高麗に使者を派遣し、軍船三〇〇艘を完成させ、蒙古人の都元帥・忽敦《こつとん》を高麗に着任させた。

こうした元の動きに対し、執権・北条時宗は防衛体制を強化した。鎮西に所領を持つ東国御家人に鎮西へと赴かせ、守護の指揮で蒙古襲来に備えさせた。さらに異国警固番役を設置し、元の襲来が予測される筑前や肥前の警護、博多津の沿岸警護の総指揮を執らせた。

## ついに現実となった対馬・壱岐への侵攻

私は、こうした支那大陸に出現した軍事覇権大国と、その「前線」を担う朝鮮半島の属国という図式は、決して過去の歴史ではないと、そう思っている。

日本には、「北の脅威」が常にあり、その脅威の図式は、それが地政学の問題である以上、現在も未来も変わらずに存在し得ると思うのだ。

二一世紀の初頭のいま、朝鮮半島を巡る情勢は、七五〇年前の「元寇」のときと、そう違わないのではなかろうか。

北朝鮮が、アメリカの軍事圧力で核弾頭を搭載した大陸間弾道ミサイルの開発を断念したとしても、日本の安全保障からすると、決して安穏としていられるものではない。

そしていまから七四〇余年前、北条時宗の憂慮した支那の軍事覇権大国「元」による軍事侵攻が、ついに始まったのだった。私は、安倍晋三首相が、執権・北条時宗を演じることがないことだけを切に願っている。それには、日本に地政学的に存在する「北の脅威」を、よく知ることから始めなくてはならない。

マッカーサーは、朝鮮戦争を戦うまで、その「北の脅威」を知らなかったのだ。その影響は、東京オリンピックのある二〇二〇年になっても、依然として存在し続けていることだろう。なぜなら、それは地政学の問題であって、逃げることのできない宿命だからだ。

それは、ヨーロッパ大陸と対峙する島国のイギリスにも似ている。大陸の情勢が、時に島国のイギリスに軍事的脅威として迫ってくる。一度、島国のイギリスが軍事占領されてしまうと、もう逃げ場がないのだ。

だから、イギリスは、歴史的に、大陸での動静をいち早くキャッチすべく「ジェームズ・ボンド」を育んだのだ。大陸の覇権国家が、海峡を越えてイギリスに迫る前に、その脅威を取り除くスパイ活動が、安全保障上とても重要だと考えられたのだ。

この地政学的な脅威の在り方は、日本もイギリスも、同じだと言っていい。どこまで真剣に、その脅威に対処する戦略を日本が駆使できるかが、極めて重要なのだ。

文永一一（一二七四）年一〇月三日。元の都元帥・忽敦を総司令官として、蒙古・官軍約二万五〇〇〇、高麗軍約八〇〇〇、それに水夫を含む四万の軍勢が、九〇〇艘の軍船に乗って朝鮮半島を出航した。

八幡神の霊験・神徳を説いた寺社縁起『八幡愚童訓《はちまんぐどうくん》』をもとに、その戦況を概観してみよう。

対馬に侵攻した元軍は、船から散々に矢を放ってきた。ほどなく七、八艘の大型船から一千ほどの元軍が上陸した。対馬守護代の宗資国は、八十余騎で陣を構えて矢で応戦した。対馬勢は、多くの元の将兵と思しきを射倒して奮戦したものの、宗資国以下全員が戦死。元軍は佐須浦を焼きはなった。対馬勢の小太郎と兵衛次郎は、元軍襲来を伝えるために対馬を脱出し、博多へ出航した。

仏僧の日蓮聖人は、対馬への敵の侵略について、「伝聞」としてではあるが記録を残している。そこには、日本人の武士の正々堂々たる戦いぶりとはまったく異なった、修羅の阿鼻叫喚地獄が広がっている。島民の百姓ら男は殺されたり、生け捕りにされ捕虜としてクビライの娘へ奴隷として献上されている。また女性は、手の平に穴を開け、そこに縄を通して船に結びつけた。まさに女人の盾である。

壱岐でも状況は、同じだった。一〇月一四日、元軍は壱岐島の西岸に上陸。壱岐守護代の平《たいらの》景隆《かげたか》は、百騎余で応戦したが、圧倒的軍勢に敗退し、翌日に景隆は自害している。

## 日本軍の迎撃と「神風」の逸話

一〇月一六日、元軍は肥前沿岸の松浦郡、平戸島、鷹島、能古島に襲来した。元軍は島民を惨殺し、惨状は対馬や壱岐と同様であった。

こうした戦況は、大宰府に伝わり、さらに朝廷や幕府へ伝えられた。

一〇月二〇日、元軍は博多湾の早良《さわら》郡に侵攻した。上陸したのは、元本国から派遣された主力部隊の蒙古・漢軍だった。元軍は、まず博多西部に位置する赤坂を占領し陣地を構築した。日本軍は、総大将の少弐景資《しょうにかげすけ》の下、元軍を迎え撃つために博多・息《おき》の浜に集結した。

『八幡愚童訓』には、次のような記述がある。

元軍は鎧が軽く、馬によく乗り、豪盛勇猛。大将は高いところに上がって、攻めるときは攻鼓、退くときは逃鼓を打った。このため日本の馬は驚き跳ね狂った。

元軍の弓矢は威力は弱かったが、毒を塗って雨の如く矢を射た。このため元軍に立ち向かう術がなかった。突撃を試みたものは、取り囲まれ殺された。元兵は、奮闘した武士の遺体の腹を裂き、肝を取って食べ、射殺した軍馬も食べた。

「てつはう」を用いて、退くときに爆発した火焔によって追撃を免れた。集団で戦う元軍に、名乗りを上げて一人で先駆けを試みた武士は、全員が討ち取られた。武士たちは妻子眷属を隠しておかなかったため、数千人が元軍に捕らえられた。

肥後の御家人・菊池武房は、元軍が陣を布く赤坂・松原に襲撃をかけ散々に駆け散らしたが、手勢は多くが討ち取られた。武房のみが討ち取られた死体の中から這い出して、元兵の首を多数討ち取って帰陣した。

元軍は日本軍を破りに破り、佐原、宮崎、宇佐まで乱入し、妻子や老人幾万人が捕虜となった。日本軍は、博多、宮崎を放棄して水城へと敗走した。ところが、十月二十一日の朝になると、元軍は博多湾から撤退し、姿を消していた。

この「元寇」を、文永の役とも言う。

一〇月二一日の午前六時頃、元軍は博多湾から突如姿を消した。

公家・広橋兼仲の日記『勘仲記』には、伝聞として元軍が大風に遭う様子を描き、「賊船数万艘は、海上に浮かんでいたものの、俄かに逆風（南風）が吹き来たり、本国に吹き帰った」と記している。

『薩摩日記』には、「神風が荒れ吹き、異賊は命を失い、乗船が或いは海底に沈み、或いは浦に寄せられる」という記述がある。

『歴代皇紀』には、「十月二十日、日本側の兵船三百余艘が追撃したところ、沖合で漂流する元軍船二百余艘を発見した」と書かれている。

『安国論私抄』には、「十一月九日に、暴風雨により死んだと思しき元兵百五十人が漂着した」とある。

現代の気象学では、過去の統計から、この時期に台風などが渡来した記録がないため、台風以外の気象現象が起こったと判断されている。

元側の史料である『高麗史』には、「元軍は日本軍との戦闘で苦戦を強いられたために軍議によって撤退を決定、日本からの撤退途上で暴風雨に遭遇した」と書かれている。

「神風が吹いて、日本が勝利した」という定説は、当時の日本国民が「元寇」を、「襲撃してきた外国の神と、国土防衛を担う日本の神との戦い」と、そう見ようという観念が広まっていたことが背景にある。

実際に、日本の勝利を期しての「歌詠み」（和歌には、神秘的な言霊の力があると信じられ、詠まれていた）や寺社での「折伏・祈祷」が行われていた。このため、戦争での勝利は、そうした神力による「神風」が吹いたからであるという風説が流布したのだった。

前述の広橋兼仲は『勘仲記』で、「逆風の事は、神明の加護」と感謝を記している。

『八幡愚童訓』には、

日本軍が水城へ敗走した後、松原に陣を布く元軍に、八幡神の化身三十人ほどが矢を射かけ、恐れ慄いた元軍は海に逃げ、さらに海から炎が燃え巡り、その中から現れた八幡神を顕現したと思われる兵船二艘が突如現れて元軍を皆討ち取り、辛うじて沖に逃れた者には大風が吹き付け元軍は敗走した。

と、書かれている。

## 「憲法九条」は神風となるのか?

日本人には、この「元寇」のときの「神風」の記憶が潜在意識に深く刻まれているようだ。大東亜戦争の「神風特別攻撃隊」などの特攻隊は、自らが爆弾となって敵艦に自爆攻撃をすることで、国防の「神風」たらんとした。英語でも、その気概は、「カミカゼ」と呼ばれ、日本人の「国を護るためには命をも捧げる姿」は、畏怖の念をもって、我々外国人も語っている。

面白いのは、明治の教科書での「元寇」の記述に、「神風」の話は出てこないことである。「元寇」での日本の勝利は、「武士が奮闘したことによって、元軍を撃退した」からだと、そう教えられている。

「神風」の記述が初めて教科書に登場したのは、なんと昭和一八（一九四三）年の国定教科書だという。国民の国防意識を宣揚するためであったというが、敗戦の色合いが濃くなってきた日本で、国民の「必勝」の意識を確固たるものとするためだったろう。

さらに面白いことに、戦後の教科書『くにのあゆみ』でも、大風の記述が紹介されている。この場合は、「戦争で将兵が奮闘して敵を撃退した」というような民族の誇りは、「戦争犯罪国家・日本」という意識を国民に植えつける上ではマイナスだった。

むしろ、「神風」を妄信する在り方は、「日本国憲法」があれば戦争は起きないと、常識的には有り得ない「信念」を育む上で、プラスだったのかもしれない。

日本国民が、どんなに「戦争放棄」「軍の不保持」を誓っても、北朝鮮がミサイル一発を撃ちこんでくれば、その虚構はたちまち崩壊する。

憲法九条で、北朝鮮のミサイルを迎撃することは、現実的に不可能なのだ。

どうも私が『ニューヨーク・タイムズ』紙の東京支局長だったために、私は『朝日新聞』と同じく「憲法九条護持」派と思われているようだ。

だが、それは誤解だ。

私は、「国家には国軍が必要だ」と確信している。一方で、占領軍が戦後七〇年も日本に居座っていることに疑義も持っている。

アメリカは、「日本を護るため」だと言うかもしれないが、本当だろうか。本音は、日本を護るためではなく、日本を支配するために駐留させているのではなかろうか。

しかしアメリカの駐留軍を撤退させるには、「日本軍」がその軍事力を代替できなければならない。それができなければ、アメリカ軍撤退はこの地域のパワー・バランスを崩し、戦争が勃発する可能性を高めるのだ。

実際に、フィリピンでは、アメリカ軍が撤退したら即座に中共軍が侵出してきた昨今の事例もある。

朝鮮半島で言えば、米軍が撤退すれば、北朝鮮軍か中共の人民解放軍が、食指を動かすことになる。韓国軍だけで防衛ができないことは、朝鮮戦争を例に出すまでもない。

アメリカ本土に到達する核ミサイルとのバーター（交換）なら、在韓米軍の撤退は絵空事ではない。アメリカの安全保障を第一に考えるなら、それは選択肢として成り立つ。

問題は、それが日本の防衛にとってどのような意味を持つことになるか、そこが重要である。

## 専守防衛とは「本土決戦」の別名

日本の防衛の国是は「専守防衛」で、その概念を金科玉条のごとくにしている。

これが本当に日本の防衛にプラスとなるのか、議論すべきであろう。

何度も繰り返すが、日本には「北の脅威」が常に存在するのだ。そして、ミサイル攻撃のある現代では、「敵」が軍事攻撃に着手して、極めて短時間で日本本土が攻撃される。

北朝鮮からミサイルが発射されれば、一〇分もかからずに日本本土に着弾するのだ。PAC3やミサイル迎撃システムがあると言っても、一斉に多数のミサイルを撃たれれば、日本本土に着弾する。それが核ミサイルであれば、どういうことが起こるか。

「専守防衛」とは聞こえがいいが、それは広島、長崎に原爆を投下され、既に数十万の犠牲者が出た後に反撃しようというのと同じことである。果たしてこれで、国民の生命・財産を守ることが可能なのか。

「北の脅威」は、絵空事ではない。

不測の事態が発生して、数十発の核ミサイルが日本本土に向けて発射されることはないと、何人が一〇〇パーセント断言できるであろうか。

「専守防衛」とは、「本土決戦」の別名である。こうした認識を、日本国民全体に周知する必要がある。

## 共産勢力に「無血開城」をした韓国

朴槿恵《パククネ》大統領の弾劾・罷免に伴う二〇一七年五月九日の大統領選で、文在寅《ムンジェイン》氏が当選し、翌五月一〇日に第一九代韓国大統領に就任した。

金大中大統領、盧武鉉《ノムヒョン》大統領と同じく親北朝鮮政権が誕生した。文在寅大統領は、祖国統一を旗印に、融和政策を取ることになる。

南北朝鮮の緊張を緩和し、統一朝鮮を演出するだろうが、そのことが何を意味するのか、冷静に考えてみる必要があろう。

習近平の中共も、金正恩の北朝鮮も、決して自由主義国ではない。一党独裁の共産主義国である。

中共が、チベットやウイグル、南モンゴルでどれほど人権を蹂躙してきたか。そもそもチベットもウイグルも南モンゴルも中共の版図ではなかった。軍事的に侵略をして勝手に自分の領土とし、「自治区」などと嘯《うそぶ》いている。実際にやっていることは、「民族浄化」そのものだ。

北朝鮮も、人道には一切お構いなしの国がらだ。金王朝に反旗を振りかざしそうな輩には、粛清に次ぐ粛清を実践してきた。金正恩にとっては先代の金正日は実父だが、その側近だった叔父の張成沢《チャンソンテク》さえも、重機関銃で木っ端微塵にしてしまった。権力を脅かす潜在力を持った実兄の金正男も、暗殺したと考えられている。独裁者という範疇を超えて、異常な恐ろしい判断基準を持っている。

アメリカは、「アメリカを核ミサイル攻撃する」と公言する北朝鮮王朝の独裁者を、放置することはできない。「斬首作戦」も視野に、核を放棄させようと圧力をかけている。

自分の命と体制を保持するためなら、「方便」はなんでもありだろう。祖国統一の「大義名分」を掲げて、韓国との融和を図っている。

確かに、同じ朝鮮民族が、第二次世界大戦を経て米ソによって分断されたことは、不幸な現実ではある。しかし、韓国が北朝鮮と融和政策を取ることは、金王朝にとっては敵が「無血開城」をしたに等しいことなのだ。

北朝鮮の背後には、いまやアジアどころか世界ナンバーワンの覇権大国を目指す中共が存在している。

世界各地で、その版図を日々拡大している。開発援助のための「元借款」をテコにして、返済不履行となった開発途上国から領土の差し押さえを大展開中である。

韓国が北朝鮮と融和することは、即ち、朝鮮半島全体が中共の冊封体制下に呑み込まれるということなのだ。

もし在韓米軍が、北朝鮮の核ミサイル開発とのバーターによって「撤退」することになれば、それは平和の到来ではなく、日本が「本土決戦」を強《し》いられる「脅威の到来」を意味しているのではなかろうか。

それは、言い換えると、「元寇」が、二一世紀の日本に襲いかかってくることを意味している。

そうなれば、安倍晋三首相は、執権・北条時宗の苦難を重ね合わせなければならない事態となるだろう。

それは、日本の平和の到来か、日本の危機の到来か、冷静に考えてみる必要がある。

# 第三章　なぜ日本は朝鮮を併合したのか

## 日本に迫る欧米列強の脅威

日本統治時代の朝鮮半島は、分断もされることなく、平和を保ち発展を遂げた。

しかし、そもそも、なぜ、日本は朝鮮半島を併合しなければならなかったのか。

それを知るには、世界史の大きな流れを把握することが必要だ。

単刀直入に言えば、欧米列強によるアジアへの侵攻と植民地支配である。そのことを無視して、日本の朝鮮半島統治を語ることはできない。

北米や南米が白人によって侵略され、原住民たちは、まるで駆逐されるかのように虐殺された。そのことは豊臣秀吉の時代から、情報として日本に伝わっていた。

日本が鎖国体制を取ったのも、キリスト教徒を「迫害した」とされる背景も、そこにあったのである。

## 日本に迫る北の脅威

明治時代の一番の脅威は、朝鮮半島を白人帝国・ロシアが南下してくることだった。ロシアは、常に不凍港を求めて南下したがっていた。日本は、朝鮮半島が日本と同様に近代化し、独立して半島を防衛してくれることを望んでいた。

明治新政府が誕生した時に、そのことを通知するために、日本は李氏朝鮮に国書を携えた使節を派遣した。しかし李氏朝鮮は、これを拒否している。歴史的に支那の皇帝に朝貢している朝鮮は、日本は朝鮮よりも低い地位にあると、思ってきた。

しかし朝鮮にも日本のように近代化をしてゆかなければならないと考える勢力もあった。金《キム》玉均《オッキュン》らの開化党である。一八八四（明治一七）年、金玉均らは、日本の君主を戴く近代立憲君主制国家を目指し、甲申の乱を起こした。

朝鮮国王の高宗も日本に保護を求め、また日本側にも福沢諭吉など、朝鮮を近代化することを支援する声が高まり、開化党の金玉均はついに首相の座を射止め改革も成功するかに思われた。これは、日本の侵略ではなく、朝鮮国王の要請で、援軍として日本軍が朝鮮に出兵したのである。

ところが、それを良しとしなかったのが清国だった。支那は歴史的に朝鮮を朝貢国家として支配してきた。金玉均を支援して朝鮮国王・高宗の王宮を守っていた日本軍に対し袁世凱《えんせいがい》が率いる清国軍が攻撃してきた。

ソウル市内で激しい戦闘となり、日本兵のみならず、日本人居留民と婦女子三〇名が残酷に殺害された。わずか二〇〇名の日本軍は撤退を余儀なくされ、その結果、開化党は敗れ、親清派の事大党の閔妃《ミンビ》の臨時政府が取って代わった。

## 天津条約と朝鮮半島の情勢

一八八五（明治一八）年、日本と清国は、天津条約を結んだ。朝鮮半島からは軍隊を撤収するが、朝鮮に異変が起きて、どちらか一方が派兵するときは、事前に通告しあい、事態が解決したら撤兵するという内容だった。

しかし、開化党の対立勢力として浮上したのが東学農民軍（東学党）だった。東学農民軍は、支配層の圧政への反発で武装蜂起した勢力で、日本に対しては敵対的な姿勢を取っていた。

急成長をする明治日本は人口も増加し、朝鮮からの米や大豆の輸入が急増、これに伴い朝鮮での米価も急騰した。朝鮮の地主は莫大な利益を得たが、小作人は他の作物を売って高価な米を買わなければならなかった。農民の生活苦と反日感情を背景に蜂起した東学農民軍に対し、一八九四（明治二七）年六月三日、高宗・閔妃政権は、清国に鎮圧軍の派遣を要請した。

六月六日、清国は天津条約に則り、「朝鮮政府の要請により、匪賊討伐のため陸軍の一部を朝鮮に派遣する」と、日本に通告してきた。清国は北洋艦隊の軍艦二隻を仁川《インチョン》に派遣、六月八日には正規軍二〇〇〇を上陸させた。

日本政府は、これに対し「地理上、貿易上の重要性に照らして、朝鮮に対する我国の利害関係は極めて緊要なものであり、このような事態は傍観できない」と外相を通じて清国に通告、日本陸軍第九旅団九〇〇〇を仁川に入港させた。このとき、日本は清国に対し、共同して朝鮮の改革を推進することを提案したが、拒否された。

当時の状況は、閔妃が夫君の高宗の父である大院君と権力闘争を繰り広げ、国費を民のためではなく、自己の栄華に浪費していた。また、節操なく清国、ロシア、日本、列強にすり寄って朝鮮の自主独立と近代化を遅らせていた。

このままでは、清国、ロシア、列強が朝鮮半島を植民地支配しかねない。そうなれば、日本に対する脅威が一段と高まる。日本は、そうした判断に立って、同年七月二三日未明、日本公使大鳥圭介率いる日本軍三〇〇〇が景福宮を攻撃、高宗と閔妃を拘束し、降伏命令が高宗から出された。

そもそも李氏朝鮮とは、明の皇帝に下賜してもらった「国名」だった。明や清の元号を使い、毎年莫大な朝貢をしてきた。明や清の影響力から抜け出すことは、朝鮮にとっても、日本にとっても重要な課題で、それには近代化が不可欠だった。

## 日清戦争は「清から朝鮮を独立させる戦い」だった

一八九四(明治二七)年七月二五日、「豊島沖海戦《ほうとうおき》」によって日本と清国は戦争状態に突入した。日本の帝国海軍連合艦隊が、牙山湾《アサン》の豊島近くで清国軍艦二隻と兵力一二〇〇を乗せた輸送船を、一時間二〇分の戦闘で撃沈した。

清国軍は、漢城《ハンソン》(現在のソウル)から南下する日本軍を成歓《ソンファン》(全羅北道)で待ち伏せし攻撃したが、兵力、火力戦術で勝る日本軍に敗退し、平壌まで退却した。これにより、日本軍は朝鮮半島の平壌以南の陸と海を制圧した。

景福宮《けいふくきゅう》のクーデターにより、革命政府が金弘集《キムホンジブ》を中心に組織された。近代的な内閣をつくり、清国の元号を廃止し、内務、外務、法務、学務、農相務、軍務などの行政部門を設置した。両班、中人、平民、奴婢などの身分制度がなくなり、女性差別が撤廃された。未亡人の再婚も許され、身内が罪を犯すと一族を処罰する連座制も廃止された。公文書による人身売買は違法となり、貨幣価値も統一され、租税は貨幣で支払うようになった。また、王室と政府の財政分離により、閔妃が国家財政を枯渇させるような事態を防止できるようになった。こうした改革は一気に行われ、「甲午改革」と呼ばれた。

同年八月一日、日清両国は宣戦布告、日清戦争が勃発した。

日清戦争の戦闘の展開や武勇伝は、ここでは省略する。日清日露の戦役については、多くの書籍が出ているので、そちらをご参考頂きたい。

## 日清戦争の原因は朝鮮半島にあった

日清戦争の原因は、朝鮮半島にあった。朝鮮半島が、ロシアや支那に侵略されると、その脅威は日本の目の前に迫ってくる。だから日本は、朝鮮に日本のように近代化をして、しっかりとした政治力と外交力と軍事力を持った独立主権国家になって欲しかったのだ。ところが、朝鮮は、清国（支那）やロシアに媚び、毅然と独立できる状況になかった。

このため、日本は清国と日清戦争を戦うことを余儀なくされたのだ。

日清戦争という名称だが、その戦場は朝鮮半島だった。仁川とか平壌とか、第二次世界大戦後の朝鮮動乱の戦場を彷彿させる場所が、日清戦争の戦場でもあった。

マッカーサーは、第二次世界大戦での対日戦争で、民間人大虐殺ともいえる東京をはじめとする大都市空爆を行って、日本をポツダム宣言の受諾へと追い込んだ。

しかし、その結果、どうなったか。

マッカーサーは、「日清戦争」を一九五〇年代前半にもう一度戦うことを余儀なくされたのだった。

そのときに初めて、マッカーサーは日本の一連の戦争が自衛戦争であったことを、初めて体験し、理解することができたのだ。

実は、この状況は、朝鮮動乱が休戦中のいまも本質的に変わらない。北の将軍様は二度にわたる朝鮮半島を舞台にした「代理戦争」から学んだところもあるのかもしれない。

共産党独裁政権国家の北朝鮮が、核武装をしてワシントンも攻撃できるような状況になると、果たして米軍がワシントンのアメリカ市民を犠牲にしてまで、韓国を守ってくれるだろうか。はなはだ疑問である。

米韓合同軍事演習は、いきおい核抜きで最大級の被害を北朝鮮に与えられることを、デモンストレーションして見せている。これがエスカレートすると、核抜きの局所的戦闘は暴発するかもしれない。

朝鮮半島が北の将軍様によって対馬の手前まで「赤化」されれば、日本にとっても「半島情勢」は、安全保障上の重大なリスクと成り得る。本質的に、「半島情勢」は、日清戦争当時も、朝鮮動乱のときも、いまも、まったく変わることはないのである。

## 三国干渉という白人列強の侵略行為

日本と清国は、一八九五（明治二八）年三月二〇日に停戦。四月一七日に下関の春帆楼《しゅんぱんろう》で講和会議に臨んだ。日本側は首相の伊藤博文、外相の陸奥宗光《むつむねみつ》が、清国側は李鴻章《りこうしょう》らが出席した。下関条約が締結され、戦争は終結した。内容は、次の通りだった。

一、朝鮮の独立を認め、自主独立を妨げる朝鮮から清国への貢、献上、典礼等を永遠に廃止する。
二、遼東半島、台湾、澎湖諸島を日本に譲渡する。
三、清国は日本に二億両を支払う。
四、清国領内で列国と同等の特権を日本に認める。

朝鮮半島については、独立を認めることが条件だった。ところが、日清戦争での日本の勝利を、横取りしたのが白人列強だった。ロシアがフランス、ドイツと結託し日本に圧力を加えてきたのだ。同年四月二三日、三国の公使が日本に対し「遼東半島を清国に返還せよ」と書簡を送ってきた。いわゆる三国干渉である。

国力の劣る日本は、白人列強の三国を相手に戦争をして勝つことなどできない。勧告を受諾するしかなかった。「臥薪嘗胆《がしんしょうたん》」——日本は、あらゆる苦難を耐え忍んで、この屈辱を晴らす決意を持った。

ちなみに、三年後に三カ国は清国に対し、この代償を要求。ロシアは旅順《りょじゅん》・大連《だいれん》を、ドイツは膠州湾《こうしゅうわん》を、フランスは広州湾《こうしゅうわん》を租借した。ちなみにイギリスは、威海衛《いかいえい》と九龍《きゅうりゅう》半島を租借している。

日本は、この三国干渉を通して、ロシアも含む白人列強がアジアを蹂躙する脅威を、まざまざと感じたことだろう。その白人キリスト教国による植民地支配は、アジアを蹂躙していた。アジアを眺めると、そこにあったのは、欧米列強に植民地とされた国々ばかりだった。

白人が、アジアを支配していたのだ。この現実が、どれほど日本にとって脅威であったことか。日本は、白人列強の植民地支配から独立主権を護るために、富国強兵政策をとって列強に対抗できる帝国となるしかなかったのだ。

そのあたりのことを、『人種戦争　レイス・ウォー』（祥伝社刊、藤田裕行訳）の著者ジェラルド・ホーン教授は、次のように論じている。

アメリカが日本を開国させた後、多くの日本人は、アジアとアフリカを襲った運命が、今や自分たちに訪れようとしていると、恐怖に駆られた。

カルメン・ブラッカーは、明治維新による日本の近代化が「インドや中国を貶めた恥辱に満ちた運命を避けようという欲求によって起こった」と、説得力ある議論を展開している。

「アヘン戦争はもちろん、西洋の侵略が日本人の恐怖を高めた。白人至上主義との遭遇が、日本のエリートに『日本は自国の安全保障のために、近隣諸国を防衛して、軍事力を行使すべきである』と、信じさせた。日本の朝鮮への介入も、朝鮮の文明化を推進し、西洋に対して、アジア全体の力を増すためだと、正当化した」

この戦略にとって、朝鮮のような隣国を、併合することが重要だった。ウォーレン・コーヘンは、「欧米の帝国主義からアジアを解放するという考えは、明治時代から第二次世界大戦まで、日本人の心のなかで、強い潮流となっていた。このビジョンは、日本人にとって利他的なものだった」と、説いている。

実に示唆に富む言及だ。日本の朝鮮統治は、侵略的な意図によるのではなく、防衛的な必要性からだった。

そもそも日本の朝鮮統治は、併合、あるいは合邦であって、植民地支配ではない。日本の朝鮮統治は世界の植民地支配とはまったく違い、利他的であり、朝鮮人同胞のために日本が「奉仕」をするようなものだったのだ。

日本は国民の血税の半分近くを持ち出して、朝鮮のインフラや教育レベルの向上に努めた。欧米の植民地支配が、搾取であったのと、まったく対照的なものだった。

朝鮮人を、日本国臣民として、本国の臣民と、少なくとも法律上は対等に扱った。こんなことは、大英帝国の植民地で搾取に遭う有色人種の〝帝国臣民〟には有り得ない平等な扱いだった。

## 徳富蘇峰を叩きのめした三国干渉

徳富蘇峰《とくとみそほう》は、熊本出身のクリスチャンで、新島襄《にいじまじょう》が設立した同志社大学に入学した。「熊本バンド」と呼ばれる若いクリスチャン同志の一員だった。大東亜戦争では、連合国からは、「侵略戦争に国民を引きずり込んだマスターマインド（首謀者）」として、東京裁判のいわゆる「Ａ級戦犯」容疑者に指名された。占領軍のＭＰ（軍警察）が熱海の自宅に逮捕に来たが、老齢のため逮捕されず、自宅拘禁処分となった。

徳富蘇峰

その徳富蘇峰は、内村鑑三の英語論文『Justification of the Corean War』を『日清戦争の義』と題して自分が出版する『国民の友』第二三三号に、翻訳を掲載。「支那は社交律の破壊者なり、人情（ヒューマニズムの訳）の害敵なり、野蛮主義の保護者なり」と、舌鋒鋭く批判していた。

徳富蘇峰は、「ペリーによる強制的開国は、強姦に等しい」と訴えていた。私は、ペリーの黒船来襲を、〝レイプ・オブ・江戸〟と本に書いたが、その後に、徳富蘇峰が、私と同じ認識で訴えていたことを知った。

蘇峰は自著『吉田松陰』で、「開国は正理なり、しかれども我の外国の強迫によりて、開国せしめられたるは、屈辱なり。容易に拭うべからざる。我が国史の汚点なり。而《しか》して今日に至るまで、世界諸強国と対立して、我が膝の直からざるは、むしろ強姦に近しといわざるを得ず」と書いている。

吉田松陰になぞらえているが、それは蘇峰自身の思いだった。蘇峰は、「日本人は人類として正当な待遇を受けていない。まるで猿に最も近い人類か、人類に最も近い猿かのように、遇されてきた」と、怨念のように吐露していた。

　こうした認識は、福沢諭吉も同様だった。

『脱亜論』などの論文では、朝鮮や中国と比較し、日本の優越を力説していた。

福沢諭吉は、日清戦争の開戦直後に『日清の戦争は文野の戦争なり』との論文も発表し、「日本は世界文明のためにその妨害者を打倒するのみ」と訴えていた。文明と野蛮の戦争と、そう位置づけていたのだ。

　日清戦争に対する欧米紙の批判が出ると、徳富蘇峰は、『何の権か』との論説を、自分が主幹する『国民新聞』に掲載した。蘇峰は挑発的に「朝鮮を改革し清国を討つのは『文明の権』だ」と、反論した。

　徳富蘇峰は、世界的に有名である。英語での文献には、蘇峰の論説の引用も多い。徳富蘇峰は、日清戦争の際には、イタリアの政治家カブールを例に、「狂気の沙汰と非難されながらクリミア戦争に参戦し、それによってイタリアは『欧州列国に識認』され、国家の利益と光栄を獲得した」と論じ、さらに「世界における日本の位置」について、「日本は欧米を知りすぎるほど知っているのに、日本は欧米からまともに評価されていない。日本は、率直に言えば『売淫国』と紹介されているに過ぎない。日本は『否』と言わない。『軽快にして与しやすき伴侶』と見なされている。欧米人は日本を自分たちと対等に見なしていないばかりか、清国とすら対等と考えていない」と、そう訴え、日清戦争を「国家自衛」と「国民雄飛」のチャンスだと、論陣を張っていた。

ところが、白人列強による「三国干渉」である。これに徳富蘇峰は、「叩きのめされた思いだった」という。遼東半島返還の決定に、蘇峰は、「力なき正義は無価値だ」と思った。そのときから、「精神的に別人になった」と、後年に蘇峰が語っている。

## 日英同盟はなぜ締結されたのか

一八九五年の日清戦争で、清が日本に敗れると、脅威が逆に高まってしまったのは皮肉だった。支那大陸に白人列強が勢力を伸ばすことになったからだ。

清政府は、日本への賠償金の支払いのためにロシアとフランスから借款をし、見返りに両国は清に対し様々な利権を要求した。

こうして列強諸国による支那の分割が進み、アヘン戦争からイギリスの半植民地となっていた清の状態が一変したのだ。

ロシアは、満洲北部へのシベリア鉄道施設権を得ると、満洲や支那の北部へ強行に侵入してきた。

フランスは、フランス領ベトナムから侵出し、雲南、広西、広東、四川など支那南部を勢力圏としていった。

イギリスは、支那大陸で、北はロシア、南はフランスに挟まれるという状況に陥った。両国は、一八八三年に露仏同盟を締結、三国干渉など支那分割でも密接に連携していた。

イギリスは、清の領土保全を訴え、ロシアとフランスが支那大陸でイギリスの権益を侵すことを防ごうとする一方で、ドイツと連携し、ロシアとフランスに先んじて対日賠償金支払いのための新たな借款を清に与えた。こうしてイギリスとドイツは、清における権益を確かなものとして認めさせたのだった。

一八九六年一月、イギリスはフランスとも協定を締結、四川と雲南を門戸開放することを約定し、フランスの北上に歯止めをかけた。

一八九七年、ドイツは山東でドイツ人のカトリック宣教師が殺害された事件を口実に、清に出兵。膠州湾を占領し、同地を租借地とした。

イギリスは、ドイツがロシアの南下の防波堤になると歓迎したが、その後ドイツが山東半島をドイツの勢力圏と主張したために、ドイツへの警戒を強めた。

一八九八年には、遼東半島の旅順をロシアが占領、さらに大連に軍艦を派遣し、旅順と大連もロシアの租借地としてしまった。

ここに至ってイギリスは「清の領土保全」という建前を翻し、砲艦外交に転換。ロシアが旅順占領をやめるまでを期限に、山東半島の威海衛をイギリスの租借地とした。

イギリスは、ドイツが山東半島を勢力圏とすることは認めたが、これはドイツがロシア、フランスとの連携を防ぐためだった。しかし、このことでイギリスは揚子江流域へのドイツの進出を容認することになった。清の人口の三分の一が揚子江流域で暮らしており、イギリスとしては痛恨の譲歩となった。

一九〇〇年に義和団の乱が起こると、ロシアは満洲を軍事占領した。その後、ロシアは満洲からの撤兵を約束したものの、いっこうに撤兵せず、さらに南下して朝鮮半島にも触手を伸ばすようになった。

ここに至って、日本とイギリスは、ロシアの南下を両国にとっての脅威と感じるようになったのだ。

日本の政界では、伊藤博文や井上馨《かおる》らはロシアとの妥協を模索したが、山縣有朋、桂太郎、西郷従道《つぐみち》、松方正義らは、ロシアとの対立は不可避として、イギリスとの同盟を訴えた。

これが、日英同盟の締結前の日本を取り巻く情勢だった。日本の日英同盟締結も、白人列強の脅威が迫る中での安全保障上の選択だったのだ。背景に存在したのは、朝鮮半島の防衛だったのだ。

日露協商交渉は上手くいかず、一九〇二年一月三〇日に、ロンドン外務省で日英同盟が締結された。

締結国が対象地域（支那・朝鮮）で、他国の侵略に対し交戦に至った場合、同盟国は中立を守ることで、それ以上の他国の参戦を防止し、さらに二カ国以上と交戦となった場合は、同盟国は締結国を助け、参戦する義務を約していた。

一九〇四年に日露戦争が勃発したが、イギリスは中立を保つのみならず、諜報活動やロシア海軍へのサボタージュなどで、日本を支援したのだった。

## 満洲の次のロシアの狙いは朝鮮半島だった

日露戦争というと、旗艦である戦艦三笠に立つ東郷平八郎元帥の絵や、有名な「T字戦法（Togo Turnとも呼ばれる）」でロシアのバルチック艦隊を打ち破った帝国海軍の大戦果、また乃木希典《のぎまれすけ》将軍率いる帝国陸軍の奉天会戦や二〇三高地での激戦を思い出す方も多いことだろう。

では、日露戦争の戦場は、いったいどこだったのかをご存知であろうか。

端的に言えば、それは朝鮮半島周辺地域である。

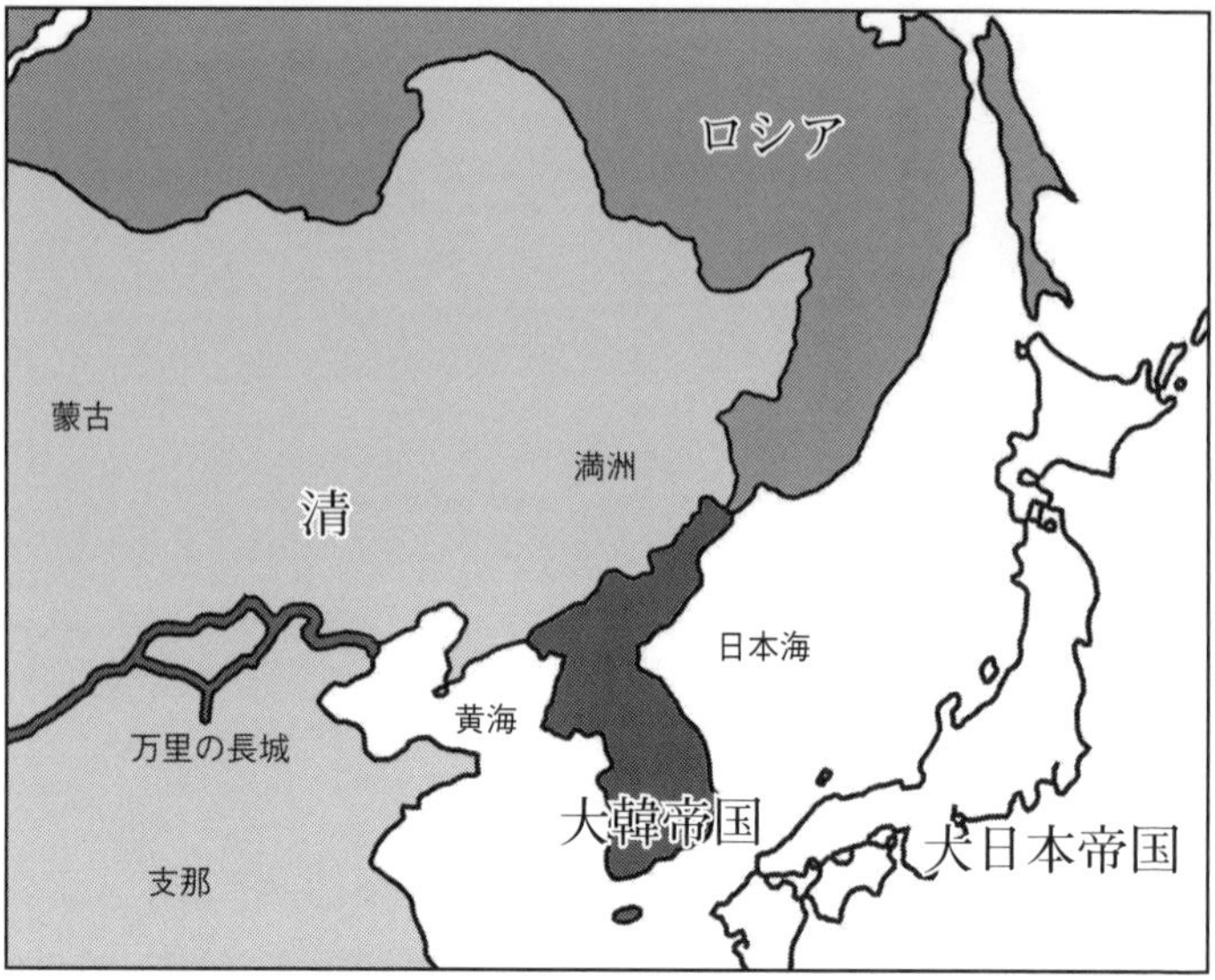

1904年当時の東アジア地図

帝国陸軍とロシア軍の戦闘は、北朝鮮の真北に位置する満洲で繰り広げられた。

帝国海軍の戦闘海域は、それこそ朝鮮半島の右（日本海）と左（黄海）だ。

その理由は単純明快である。そこで戦うことで、朝鮮半島がロシア領となることを食い止めたのだった。もし、日露戦争で日本が敗北していれば、朝鮮半島は、明白にロシア領になっていたことだろう。

満洲は、ちょうど万里の長城が、ずっと東に延びた東端のあたりから北にある。

万里の長城の外側に位置しているということは、そこは「中国（支那）」ではない。支那の敵である異民族が住んでいる野蛮な辺境だと、歴史的に位置づけられてきたのだ。

ちなみに「中国」のことは、英語でチャイナという。フランス語ではＣｈｉｎｅ、ドイツ語、スペイン語ではＣｈｉｎａ、イタリア語ではＣｉｎａとなる。いずれも「支那」のことである。

現在も、Ｅａｓｔ Ｃｈｉｎａ Ｓｅａは、東シナ海、Ｓｏｕｔｈ Ｃｈｉｎａ Ｓｅａは、南シナ海と、日本語で表記されている。まあ、好むと好まざるとにかかわらず、Ｃｈｉｎａは、支那が正しい表記で、「中国」という国が歴史的に存在したことはない。いまも国際的には、Ｃｈｉｎａ＝支那が、通用している。

さて、その支那の「化外《けがい》の地（異民族が住む辺境）」とされたのが満洲だった。

一九〇〇（明治三三）年に「義和団の乱」（北清事変）が勃発し、北京まで波及した。日本をはじめ諸外国は、在留民の安全を確保するため軍隊を支那に派遣した。そして「乱」が満洲にまで及ぶと、ロシアはなんと満洲全域を軍事占領してしまったのだ。それどころか、ロシアは満洲からの撤兵を約束したにもかかわらず、いっこうに撤兵しようとしなかった。

日露戦争直前には、なんと清朝の官吏が満洲に入るのに、ロシアの役人の許可が必要だった。当時、満洲はロシア領になってしまったのだ。

日本が期待をしていたのは、朝鮮が独立国として国防を固め、ロシアや清朝の侵略を防いでくれることだった。しかし朝鮮は支那の「属国」と言っていい状態で、なおかつロシアへ媚びを売って、まるで独立の気概を欠いていたのだ。

そんな朝鮮に、ロシアはさらに南下をして触手を伸ばすようになった。

だから日本は、日露戦争を戦わざるを得なくなったのだ。

こうして、日露戦争における陸軍の戦場は満洲になった。朝鮮半島へのロシアの南下を防ぐためだった。

同様に、海軍は朝鮮半島周辺でロシア海軍と戦った。朝鮮半島周辺海域の制海権がロシアのものとなれば、それは朝鮮半島そのものがロシア領になることを意味した。もし朝鮮半島がロシア領となれば、それこそ「匕首」のように日本に切っ先を向ける朝鮮半島の先端までが、「北の脅威」として日本列島に切迫することになるのだ。

# 第四章　日本統治時代の朝鮮半島は平和だった

## 日本の朝鮮統治は「植民地支配」ではない

私は五〇年も前から、韓国に何度も入って取材をしてきた。その体験からも、呉善花氏の『なぜ「反日韓国に未来はない」のか』（小学館新書）には、共感するものがあった。

実は、呉善花氏の著された前掲書は、多くの海外の方々に読んで頂きたいという彼女の思いもあって英訳され、私はその英文原稿のチェックを頼まれた。

呉善花氏は、いまは帰化して日本人となっているが、母国は韓国、済州島の出身である。

呉善花氏は、次のように述べている。

西洋列強の植民地支配は、収奪によって本国を潤し、全般的に武力的な威圧をもって統治し、文化・社会・教育の近代化と正面から取り組ます、同化・一体化を目指すことは決してなく、あくまで異民族支配、被支配の関係を持続させていくものとしてあった。

西洋列強は、アジアでの植民地支配に対する反抗には、容赦のない弾圧と虐殺で臨んだ。オランダはインドネシアで、イギリスはインドで、フランスはベトナムで、それぞれ苛酷な弾圧統治を行っていた。虐殺事件も多数起きている。彼らが展開した虐殺は、三・一朝鮮独立運動のときのように暴動鎮圧が行き過ぎた結果ではなく、抵抗・反乱への意図的な報復殺戮であり、容赦ない戒めとしての虐殺だった。アメリカにしても、フィリピンへの侵攻で数十万人のフィリピン人を虐殺しているが、たとえば一九〇六年に土地制度への反発から起きた反乱に対して、戦闘員から非戦闘員である一般の老若男女まで、砦に立てこもった六〇〇人全員を虐殺している。

呉善花氏は、「西洋列強のやり方は、基本的に現地からの原料収奪だった。西欧列強の投資は、いつでも引き揚げることができる商業的投資が大部分だった。文化・教育についても、日本のように本格的に取り組んだ国はひとつもない」と、結論づけている。

私も百パーセント同意する。これは歴史の事実であって、否定のしようがない。この点において、私と彼女は、まったく歴史認識を共有している。一点だけ異なるのは、呉善花氏が「韓国は日本の植民地だった」としている点だ。

呉善花氏は、「植民地＝悪」という断定が間違っているとも、論じている。そして、「いかに植民地統治下だろうと、嫌なこともあったがいいこともあった。害もあったが、利もあった――それが偽りのない事実ではないか」、「植民地統治下のほうが、それ以前や解放後の時代よりも、ずっとましな暮らしができたということは、いくらでも有り得ることだった」と、一般論で語った上で、日本の「植民地統治」について、そのプラス面の具体例を挙げてゆく。

日本は朝鮮半島に、毎年莫大な投資を行ったが、最後まで、投資過剰の赤字状態が続いたのである。赤字には、本国からの交付金・公債が充てられてきた。ようするに持ち出し、持ち出しでまかなってきたのである。

日本統治時代の朝鮮では、GDPでいうと、年平均四パーセントほどの成長率が、達成されていた。当時は、高くて二パーセントが、諸国の成長率だったから、かなり高度の経済成長であった。また、農地の開墾・干拓・灌漑などの土地改良が、強力に推進された。米の生産高は、併合当時、年間千万石程度だったが、一九四〇年には、二千三百万石を超えるというように、二倍以上も伸びている。

韓国がよく主張する「日本は朝鮮から多くの富を収奪して利益をむさぼり……」という内容は、まったくのウソのプロパガンダであることがわかる。

呉善花氏は、さらに、イギリスの紀行作家イザベラ・バードの、当時のソウルに関する次の記述も引用している。

都会であり首都であるにしては、そのお粗末さはじつに形容しがたい。礼節上、二階建ての家は建てられず、したがって推定二五万人の住民はおもに路地のような横丁の「地べた」で暮らしている。路地の多くは、荷物を運んだ牛どうしがすれ違えず、荷牛と人間なら、かろうじてすれ違える程度の幅しかなく、おまけにその幅は、家々から出た固体及び液体の汚物を受ける穴かみぞで、狭められている。

（時岡敬子『朝鮮紀行――英国婦人の見た李朝末期』講談社学術文庫）

こうした状態が、日本統治時代に入ると、一変したと、呉善花氏は述べるのだ。

「日本の朝鮮統治」については、日本人と韓国人の歴史、伝統、文化、習慣、ものの考え方などから始まって、李氏朝鮮の歴史から、なぜ日本が韓国併合に至ったかの歴史的背景、そして実際の日本の朝鮮統治はどうであったかについて、しっかりと史実を世界に伝えてゆく必要がある。

そうでないと、海外のほとんどの人々は、「植民地支配」の常識に照らして考える。それでは、

日本統治前のソウル（漢城）

日本統治下のソウル（京城）

日本の統治が実際にどうであったかを理解することは不可能に近いのだ。日本の統治は、朝鮮も、満洲も、南洋諸島も、世界の常識とは、まったく一八〇度、違ったのだ。

「植民地」という表現をあえて使うならば、その「植民地統治」は「植民地」を潤すために、本国が犠牲を払った「植民地統治」だった。

そんな植民地統治は、存在し得ない。それは植民地統治、植民地支配の常識とは、相容れない。まったく、欧米人からは、想像することさえできないことなのだ。

## 日本の統治についてデタラメを書く韓国の国定教科書

韓国の国定教科書は、日本の統治について、「一九三〇年代後半以降、(侵略戦争を遂行するために) 日帝は我々の物的・人的資源を略奪する一方、我が民族と民族文化を抹殺する政策を実施した」と記述している。

さらに、「日帝の民族抹殺計画」として、次の六項目を掲げている。

一、内朝一体・皇国臣民化の名のもとに、韓国人を日本人として、韓民族をなくそうとした。

二、朝鮮語の使用を禁じ、日本語の使用を強要した。
三、韓国の歴史教育を禁じた
四、日本式の姓と名の使用を強要した。
五、各地に神社を建てさせて参拝させた。
六、子どもにまで、「皇国臣民の誓詞」を覚えさせた。

中学校の教科書も、高校の教科書も、実質的な内容は一切書かずに、項目だけを列挙している。これでは韓国人が反日になっても不思議ではない。

しかし、実際の日本統治は、まったく違った。

まず、「二」で「皇民化」といっているが、日本が朝鮮民族に対して、民族浄化を行って、朝鮮民族が存在できなくなったであろうか。

そんなことは、まったくない。朝鮮人は、まったくそのままの民族として残っている。日本政府に抵抗する勢力や抗議がなかったとは言わないが、欧米による植民地支配との闘争、戦闘とは比べ物にならない。いや、むしろ、イギリス人から見ると、日本人と朝鮮人は概《おおむ》ね仲が良く、日本の統治を歓迎していたように見える。

それ以上に特筆すべきは、朝鮮人と日本人を、少なくとも法的には、同じ日本人として対等に扱ったのが日本の朝鮮統治だったことだ。これは、列強の植民地支配の概念とは、決定的に違う。

イギリスがインドや香港の「先住民」を植民地支配したときに、確かに「大英帝国臣民」と位置づけてはいたが、平等に扱うことなどなかった。「臣民」は、どこまでも建前であって、実際は、人間である白人と搾取されるべき側にあるインド人や中国人を同等に扱うわけもなかった。植民地の有色人種は、牛や馬と同様の位置づけだった。白人と同等の権利を与えることなど、天地がひっくり返っても、有り得ないことだった。

高名な小説家のパール・バックは、中国で、神父が中国人に「キリストを受け入れないと、地獄で焼かれる」と説教をしたところ、即座に「天国が白人だらけだったら、地獄に堕ちたい」と切り返されたと、語っている。

白人の植民地支配の苛酷さと比べたら地獄のほうがましだというのは、言い得て妙だ。

日本は朝鮮人を、法的に同じ国民として、日本人と平等に扱った。もちろん、日本人の中には、朝鮮人を見下した言動をする者もいただろう。しかし、そんなことは、問題にならない。多くの日本人は朝鮮人を援け、朝鮮人を大切にし、親切に接した。また、朝鮮人も、そうした日本統治に感謝していたというのが真実だ。

## 人種平等の理念に基づいた「皇民化」教育

「皇民化」という表現には、おぞましく邪悪なイメージが憑いているが、本来は、日本人も朝鮮人も、皇国臣民として対等に扱うという国策だった。

その背景には、「人種平等」の精神があった。日本人は、アジア人が白人列強によって、奴隷のように扱われ搾取されることを看過できなかった。

アジアの同胞の中にあって、日本人はいち早く近代化を成し遂げた。そして、同じアジアの同胞である朝鮮人や支那人が、白人列強に隷属させられていることに、憤慨していた。

日本人は、人種平等の理想を単なるプロパガンダではなく、実際に実行されるべき政策と位置づけていたのだ。そして「皇民化」こそ、朝鮮人を日本人と法律上も同等に扱うという、人種平等の理念の実行そのものであった。そのことを、世界の歴史家は新たに認識する必要がある。

## 朝鮮人にハングルを教育した日本統治

「二」の「朝鮮語の使用を禁じ、日本語を強要した」というのも、まったく史実に反している。

「言語を奪った」というのは、まったくのウソだ。韓国としては、「日本統治＝悪」というイメージを植えつけたいのだろう。しかし、史実はまったく逆というか、朝鮮人にハングルの教育を施したのが日本の統治時代だった。

つまり、言語を奪うどころか、韓国の国語を普及させたのが、日本統治下の教育政策だったのだ。

いま多くの韓国人がハングルを身につけているのは、言ってみれば、「皇民化」教育のおかげなのだ。ただ、ハングルのみでは、「皇国臣民」として朝鮮人と日本人がひとつになることはできない。そこで、日本語教育も行ったのだ。これは、一般的な「民族同化」の政策とは、まったく異なる。

話は逸れるが、中共のチベットにおける「民族浄化」について、比較のために言及しておこう。支那の共産党は、昭和二五（一九五〇）年チベットに軍事侵攻し、チベットを侵略した。国家元首ダライ・ラマ法王は、インドに亡命した（これは日本に例えれば、中共の軍事侵攻で、天皇陛下がカリフォルニアに亡命したような重大事態と言える）。

いま、四川省とか青海省、チベット自治区と呼ばれる地域が、かつてのチベット王国があった地だ。中共がチベットで行ったことは、まさに典型的なエスニック・クレンジング（民族浄化）だった。

チベット人は、広大な支那全土にバラバラに強制移住をさせられ、逆にチベットには大量に漢民族が流入した。学校では、支那語で授業が行われたために、チベット人は言語を奪われた。若いチベット人は支那語でしか意思疎通をしなくなったために、チベット語で読み書き話すことができなくなってしまった。当然に、チベット語で書かれた歴史も学べず、次第に人々に忘れられてしまい、失われてゆく。僧侶でさえも、チベット語でお経が読めなくなっているというのだ。

日本の朝鮮統治は、まったく逆だった。

中共のチベット侵攻と異なり、日本の韓国併合では、ハングルを朝鮮人に教育し、それまで低かった朝鮮人の識字率を大幅に向上させたのだった。

## 創氏改名も自由意志によるもの

「創氏改名」も、「日本の姓と名を強要した」のではなく、朝鮮人が自らの意志で、日本式の姓と名を使いたいと届け出たというのが史実だ。

実際に、朝鮮人名のまま軍隊に入り、将校や将軍（中将）にまでなった人もいるし、国会議員になった者までいる。このように、朝鮮人名のままでずっと通した人も少なからずいることは、大東亜戦争で志願兵となった誇り高い朝鮮人の若者たちの名簿を見ればよくわかる。

そもそも「創氏改名」と言うが、「創氏」とは、もともと朝鮮人が使っていた「本貫（氏族の発祥地を表す）」と「姓」はそのままに、新たに家族名として、「氏」をつくることができる制度だ。

一方、「改名」というのは、「従来の氏名を任意に変更できる」という制度を意味する。

呉善花氏によると、「法令では、氏名とあるだけで、『日本式の氏名にせよ』という規定は一切なく、次の三点に従って施行された」という。

一、創氏は、六カ月間を期限とする届け出制。届け出なかった者は、従来の朝鮮式の姓が、そのまま氏として設定される。

二、創氏をしても、従来の姓がなくなることはなく、氏の設定後も、元来の姓および本貫は、そのまま戸籍に残される。

三、改名は、期限なく、いつしてもよい。

当時、朝鮮人は強制されたのではなく、自ら望んで日本人のような氏を使った。

なぜか。

中国人に馬鹿にされたり、愚弄されることを避けるためだった。

また、日本人であるかのような氏のほうが、商売や様々な場面で得をしたからだった。強制されたというのは、まったくのデタラメである。

## 朝鮮人に朝鮮の歴史を教えた日本

「韓国の歴史教育を禁じた」というのも、事実と異なる。呉善花氏は、次のように述べる。

総督府は、本土と同じ普通学校制を施行した。そして、日本語、朝鮮語、算数、日本史、朝鮮史、朝鮮伝統の修身などの教育を、公立学校を中心に展開した。また、国立大学（京城帝国大学）の設置、文学・芸術活動の活性化などの文化政策を推進した。新たに設置された各種の学校は、一〇〇〇校にのぼった。

言い換えると、日本統治下で、日本が朝鮮史や朝鮮伝統の修身、文学・芸術の活性化に力を入れたから、朝鮮の歴史や文化、伝統がしっかりと残っているのである。

特筆すべきは、日本統治下の朝鮮では、日本人と一緒に、朝鮮人も授業を受けていたことだ。

日本人と朝鮮人が同じ教育を、日本統治下の朝鮮で受けていたことは、これまた世界の常識では考えられないことなのだ。

イギリスのインドや香港といった植民地での統治で、白人のイギリスと有色人種のインド人や中国人が、一緒に学校教育を受けることなど有り得なかった。

植民地の先住民に対して、宗主国が教育を熱心に施すことは、植民地支配の原則に反する。南アフリカのアパルトヘイト（人種隔離政策）と同様に、宗主国の欧米列強の白人学校に先住民を入学させ共に学ぶなどということは、天地がひっくり返っても有り得ないことだった。

この意味でも日本の朝鮮統治は、欧米の「植民地統治」などとはまったく違う、別次元、別世界の出来事だったと言える。

日本による「皇民化」とは、人種平等の理念がもたらした、奇跡の異民族統治だった。

日本統治下では、日本人と朝鮮人を平等に扱い、その教育レベルを均等にまで引き上げようとしたのである。法律によって、日本は朝鮮人と日本人とを対等に、同じ「皇国臣民」として迎え入れたのである。

## 朝鮮王族に嫁いだ皇族・李方子妃殿下

日本の朝鮮統治に関して、イギリス人の私が何よりも驚いたことは、日本の皇族が、朝鮮の王族に嫁いだ事実だった。

イギリス王室が、植民地となったインドの王族に嫁ぐであろうか。考えてみれば、わかることだ。植民地統治における被植民地と植民地の関係には有り得ない、想像を絶するようなことが、日本の朝鮮統治では行われていたのである。

白人キリスト教徒にとって、キリスト教に改宗しない有色人種など、虐殺対象でしかなかった。キリスト教に改宗すれば、最下層の人間とも見なされたが、そうでなければ、有色人種は、現実として奴隷か猿のような扱いを受けていたのである。インド人も、中国人も、皆そうだった。人間が猿と婚姻を結ぶであろうか。そんな関係を考えること自体が、タブーで禁忌だった。

そうした欧米の植民地支配の背景があるから、私は、日本の皇室から朝鮮の王族に嫁がれた李方子《まさこ》妃殿下のことを知ったときには、衝撃を受けた。

日本が朝鮮を「合邦して、対等に扱おうとした」ことが、理屈抜きに理解できたのだった。いまの時代でも、イギリスでは階級がある。階級が下の未婚の若い女性が、同じように未婚の階級が上の女性に、話しかけることすら憚れるくらいである。

結婚となれば、いまの日本だって容易ではない。貧富の格差や家柄の格差、社会的地位の格差が厳然としてある。百歩譲ってリッチな家に、貧しい家庭に生まれた女性が嫁ぐことがあっ

大韓帝国最後の皇太子、李垠と方子女王

ても、逆はなかなか少ないのではなかろうか。少なくとも、比率としては、現在でも圧倒的に少ないだろう。

李氏朝鮮は、一八九七（明治三〇）年に大韓帝国となったが、一九一〇（明治四三）年の日韓併合で、朝鮮と呼ばれるようになった。明治政府は、日韓融和を掲げ、日本の皇族と朝鮮王族を同等に待遇していた。

方子妃殿下は、一九〇一（明治三四）年に梨本宮守正王の第一王女として生まれ、美貌と明敏の誉が高かった。方子妃殿下は、一九一六（大正五）年八月三日の新聞報道で、朝鮮王朝の皇太子に嫁ぐことを知ったという。当時わずか一五歳だった。

「黄色人同士だから婚姻は不思議ではない。ヨーロッパ各国の王族も、婚姻関係にある」と、浅薄なことを言う者もいる。

ヨーロッパ各国の王族の婚姻は、政略結婚ではあっても、それは宗主国と植民地の関係ではない。その対比で言うならば、逆に、日本と朝鮮の関係が、宗主国と植民地の関係でないことを裏書きするようなものである。

皇族である方子妃殿下が、朝鮮の李王朝の皇太子と婚姻を結んだことは、日本と朝鮮が絆を深め、対等の関係にあることを象徴するためであった。しかし、イギリス人の私には、それを日本の皇室が、「演出」や「建前」で実現したとは思わない。やはり、そこには、日本の民族平等の理想があったと、そう思うのだ。

## 植民地支配とは「正反対」だった朝鮮統治

李氏朝鮮では身分制度が厳しく、専制政治が行われていた。それを民主的かつ近代的な朝鮮半島へと改革したのが日本だった。

その様子は、明治維新を成し遂げた日本が、あたかも朝鮮を家族の一員であるかのように、育て上げたと言ってもいい。植民地支配が、まるで現地人を奴隷的酷使によって搾取したのに対して、日本は、あたかも親が子の育成に、お金とあらゆる援助や教育を惜しまないような統治だった。もちろん国の主権が「小日本」に奪われたという心情は察して余りある。だが冊封体制下で支那の属国であったときよりも、日本統治時代は、はるかに豊かで平和な朝鮮半島が実現していた。一九二九（昭和四）年に、カーネギー財団によって朝鮮半島に派遣されたアメリカ人記者たちは、「数百年間停頓状態にあった朝鮮が、併合から一九年で、近代文明を謳歌するようになった。その橋渡しをしたのは日本である」などと報じている。

日本は併合から最初の一〇年間、なんと朝鮮に対して免税措置をしているのだ。植民地支配だとしたら、有り得ないことだ。

この一〇年間、日本は朝鮮半島のインフラを整備し、教育を施し、近代工業を導入した。民主的選挙も導入され、道議会議員の八割は、朝鮮人が占めるようになったのだ。

日本は明治維新により四民平等となり、「士農工商」という身分制度は改革された。朝鮮も李氏朝鮮時代は、姓を名乗れなかった賤民にも、日本は戸籍制度を導入して姓を名乗らせ、戸籍に身分を記載しなかった。貴族階級であった両班は、この身分解放に抗議デモを行ったが、日本政府によって鎮圧された。

明治の日本では、女子の高等教育も実施された。同様に、朝鮮半島でも女子の高等教育が行われたことも、特筆に値する。その一例が京城女子師範学校だ。教師となる女学生の高等教育が行われたのだ。

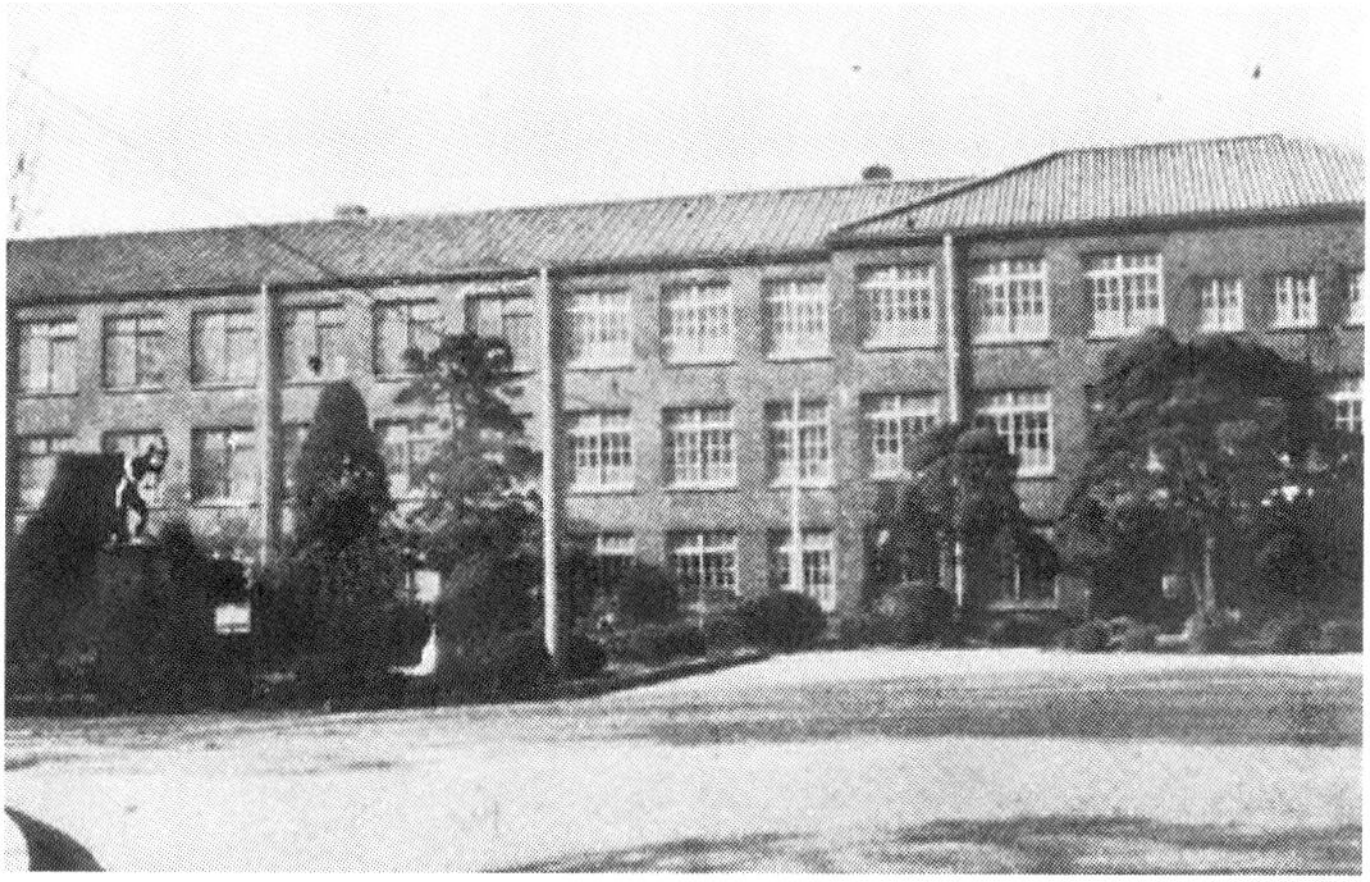

京城女子師範学校

李氏朝鮮時代には、女子の教育機関はもとより、一般人の教育機関もまったくなかったのだ。両班の師弟が「書堂」という私塾で、漢籍を学んでいたくらいだった。このため、大多数の朝鮮人は、文盲だった。

一九一一（明治四四）年に、朝鮮総督府が第一次教育令を出して、朝鮮語を必修科目とした。こうして、朝鮮人は、文字の読み書きが初めてできるようになったのである。

日本の朝鮮統治は、植民地の言語を奪ったのではなく、文盲だった朝鮮人に、ハングルを教えたということは、既に述べた。

一九二四（大正一三）年には、日本で六番目の帝国大学として、京城帝国大学が設立された。驚くべきことに、日本内地の大阪帝国大学や名古屋帝国大学よりも先に、朝鮮に大学教育機関が設立されたのだ。

植民地支配や「民族浄化」では、その土地の文化、伝統、歴史を抹殺するのが常套手段だ。しかし、日本の朝鮮統治は、逆だった。一九三四（昭和九）年に、朝鮮総督府は、李氏朝鮮時代の文化財を保護する総督府令を出したのだ。こうして、朝鮮の文化遺産が日本によって保護されるようになったのだ。

宗教についても、日本の「国家神道」が朝鮮半島を席巻したような誤解がある。日本統治が始まって、まず朝鮮で布教を積極的に展開したのは、日本の仏教界だった。神道は、日本人の居留民の一部が信仰する程度だった。

仏教教団は布教をするが、神社は布教をしない。確かに神社を朝鮮に建立し、天照大神を祀ったが、祭神はそれだけではない。なんと現地の神々も、祭神として祀っていたのだ。排除の対象となったのは、エセ宗教やカルト、盲信の類だった。

併合から一五年後に、やっと朝鮮神社が建立され、朝鮮神宮が設置されたのが一九二五（大正一四）年、総督府が神社制度の法令整備を始めたのは一九三八（昭和一三）年八月だった。

## 日本人の税金で豊かになった朝鮮

水豊ダム

日本国民は、日本の朝鮮半島統治をもっと誇るべきだろう。なぜなら、日本統治が始まるまで、朝鮮半島には前述したように、教育機関も、民主主義もなかったのだ。

それを導入したのは、日本だった。

それだけではない、鉄道、道路、上下水道、電力供給、そして工場や病院などを整備し、立派な近代社会へと短期間に変革したのは、日本だった。

一九三七（昭和一二）年から日本は、朝鮮や満洲でのダム建設に力を注いだ。鴨緑江下流の平安北道《ピョンアンプクト》新義州《シニジュ》府では水豊ダムの建設がスタートした。当時は、満洲との国境、現在は北朝鮮と中共東北部との国境に位置する。

その大きさは琵琶湖の半分ほどで、その建設資金は、当時計画されていた「東京‐下関新幹線」の総工費に相当する五億円だった。

なんと日本国は内地の新幹線建設よりも、朝鮮のダム建設を優先したのだ。費用は朝鮮半島で重化学の大企業だった朝鮮窒素肥料（現在のチッソ）が負担。製造したのは、東京芝浦電気（現在の東芝）だった。

完成したのは一九四四（昭和一九）年三月。発電力六〇万キロワットは、当時世界最大級の水力発電所となった。

日本統治時代になってからの建物の写真（次ページ参照）を見ると、それまでの李氏朝鮮時代の朝鮮とは、とても比較にならない近代化された建物が、あちらこちらに建てられ、その威容を誇っていた。

李氏朝鮮時代は、道路舗装がまったくなかったが、日本統治時代に入って、区画整理が為され、ソウル市電（路面電車）が都市を走るようになった。まさに、明治の文明開化を思わせる。

衛生指導や集団予防接種によって、朝鮮半島ではコレラやペスト、天然痘などの伝染病による乳児死亡率が激減、なんと当時二四歳だった平均寿命は、五六歳まで倍増した。

農地開墾や収穫率の向上も著しかった。日本統治前には、八四万町歩だった農地が、一九二〇（大正九）年には一五五万町歩、一九四二（昭和一七）年には、一七七万町歩にまでなっている。

さらに収穫率も一反あたり、一九一〇（明治四三）年には、〇・七九六石から、一九三七（昭和一二）年には、一・六三五石にまで成長した。

韓国は、日帝による土地収奪を訴えるが、ソウル大学の李栄薫《イヨンフン》教授は、「植民地時代の韓国人の

丁子屋《ちょうじや》百貨店。京城本店のほか、釜山、平壌、元山、大連、新京に支店があった。

三中井《みなかい》百貨店。京城では上の丁子屋とともに五大百貨店の一つとされていた。

集団的記憶は、多くの場合つくられたり、教育されたものだ」と否定している。

李教授の見解は、食糧を日本に搬出したのは、市場での商行為であるというものだ。

実際、当時の日本人と朝鮮人の所得格差も大きかったとされ、様々な費用を負担したのは日本側だった。

つまり、日本統治時代の朝鮮の発展は、日本国民の税金、現在の価値にして七〇兆円ともいわれる額を投じてまかなわれていたということだ。朝鮮人は、日本人に文句を言うどころか、感謝すべきだろう。

## 日本語世代の韓国人は「親日」だった

韓国が反日に転じたのは、平成に入ってからだと思う。少なくとも、私が知っている韓国は、日本に憧れていた。

いまの強烈な反日意識からは、想像すらできないかもしれないが、韓国は日本を「師」と仰いでいた。経営者は、誰もが日本を手本としていた時代があった。日本から学び、韓国が発展することを、望んでいたのだ。

サムスンの李健熙《イゴンヒ》会長も、その一人だった。私と会長は同世代で、四〇年来の友人だった。

会長とその父が、韓国財界を牽引してきた。

私が会った韓国政財界のトップは、全員が日本に憧れていた。

そんな私の体験からすると、いまの韓国の反日は、異常なのだ。呉善花氏が言うように、それは「反日教育」によってつくり出されたものなのだ。

私は朝鮮半島の日本統治に関して、朝鮮の人々に同情的でもある。他国によって統治を受けるということは、民族主義の観点からは、受け入れ難い側面がある。

例えば、先の大戦の敗戦で、日本がアメリカのひとつの州にでもなったとしたら、日本民族にとっては耐え難いことであろう。

言語も公用語は米語。アメリカのキリスト教会が次々と建立され、学校でも強制ではないが、キリスト教会の宗教儀式に出席する。歴史もアメリカ史観の歴史を押し付けられる。法律は州法は個別でも、連邦政府のアメリカ憲法に従う。もちろんのこと、国家元首はアメリカ大統領となる。「人種平等」の建前でも、白人は黄色人を見下すかもしれない。

こんな日本となるようなら、日本人は断固戦うだろう。

しかし、日本統治時代の朝鮮半島では、概ね、朝鮮の人々は日本の統治を受け入れていた。

何よりも、朝鮮半島は南北に分断され、同じ民族が別の国の国民となることもなかったのだ。

いやそれどころか、朝鮮半島は、それまでとはまったく別世界のような発展を遂げたのだ。

# 第五章　大東亜戦争における支那と満洲の真実

## 満洲事変は日本の侵略戦争ではない！

ここまで北朝鮮と韓国の反日のバックボーンについて、歴史的な視点から論じたが、もうひとつの反日国「中国」についても論じておきたい。

満洲事変については、国際連盟が派遣したリットン調査団の報告書が詳しい。いわゆる『リットン報告書』である。

当時の日本は、毎日や朝日といったマスメディアが大キャンペーンを張って、この報告書に異議を唱えた。国民も憤慨し、各地で抗議集会が行われた。そして日本は、国際連盟を脱退することになる。日本国民とメディアが、それを望んでいたのだ。

『リットン報告書』には、ひとつ大きな間違いがあった。それは、満洲を支那であると錯覚していることだ。

満洲は、支那ではない。この一点を間違うと、全てが間違ってしまう。日本が侵略国であるかのように、思われてしまうのだ。

満洲が支那でなかったことに、私は二つの理由で気づかされた。

第一に、支那とは歴史的に、「万里の長城」の内側を言うのだということ。外敵から支那を守るために建設されたのが、あの城壁である。満洲は、朝鮮半島の北に位置する。地図を見ればよくわかる。いま中共政府は、そこを「東北部」と呼んでいるが、支那の地域の外にある。満洲人が住んでいた土地だった。

第二に、満洲事変の前、満洲は実質的にロシアに実効支配されていた。ロシアが南下し、満洲を占領していた。しかし、日本が日露戦争に勝利したため、米国のポーツマスで開かれた日露戦争講和会議で、日本は満洲の権益をロシアから獲得したのだ。条約によって、南満洲鉄道（満鉄）の権益を、ロシアから獲得したのだった。

その権益を日本は守ろうとした。それは、侵略ではなく防衛である。

## 満洲で何が起きていたのか

満鉄の経営に伴い、邦人も満洲に移り住んでいたが、その邦人が支那人に、虐殺されるなどの事件が頻発した。

日本と支那、および満洲の関係について、『リットン報告書』には、次のような記述もある。

日本はシナに一番近い国で、またシナは最大の顧客だから、日本は（支那の）無法な状態によってどこの国よりも強く苦しんでいる。シナにおける居留外人の三分の二以上は日本人だし、満洲における朝鮮人（当時は日本国民）の数は約八十万人にのぼる。したがって、いまのような状態のままで、（略）苦しむ国民が一番多いのは日本である。そこで条約上の特権に代わるような満足な保護が期待できない場合は、到底シナ側の願望を満足させることは不可能だと感じている。シナにおける日本の権益は、特に満洲において顕著である。ほかの多数の国の権益が撤回されることになっても、日本は自国の権益をいっそう強く主張する。日本は、シナにおける日本国民の生命・財産の保護に対する不安から、シナの内乱や地方的混乱に際して、しばしば干渉を行ってきた。そうした行動はシナ人の憤激を買い、特に一九二八（昭和三）年、済南で起こった武力衝突（済南事件）のとき顕著であった。近年、シナにおいて日本の主張は、他の列国全ての権益以上に、シナの国民的願望に対する重大な挑戦だと見られるようになった。

一九二七（昭和二）年に、田中義一《ぎいち》内閣が発足したが、イギリス、アメリカ、ソ連（コミン

事件直後の柳条湖の爆破現場

テルン)、支那といった脅威に晒されていた。

一九二八(昭和三)年、山東省済南で、多数の日本人居留民が蒋介石国民革命軍に暴行され、虐殺された。男女ともに多くの死体に凌辱が加えられていた。この事件を発端に、日本軍守備隊は、北伐をする蒋介石国民革命軍と、戦闘となった(済南事件)が、蒋介石は「日本軍の一方的な攻撃で、甚大な被害が出た」と、海外に宣伝した。日本は、一方的に支那の攻撃を受けたのである。日本軍守備隊は、応戦したに過ぎなかった。

一九三一(昭和六)年九月一八日午後一〇時二〇分。満洲郊外の柳条湖《りゅうじょうこ》付近の南満洲鉄道の線路上で爆発が起きた。

関東軍参謀・板垣征四郎《いたがきせいしろう》大将と関東軍作戦参謀・石原莞爾《いしわらかんじ》中佐が首謀した謀略爆破事件だっ

た。

関東軍は、張学良の破壊工作であるとして軍事行動を取り、五カ月で満洲全土を制圧した。しかし、この満洲事変も、それまでに日本人が強姦される事件や「中村大尉殺害事件」など、日本に対する卑劣な事件が連続し、邦人の安全が脅かされていたことが背景にあった。

前述したように、満洲は満洲人の土地である。当時の中華民国は、満洲人の王朝である清朝の広大な版図を継承したに過ぎない。

しかし、漢族である中華民国政府は、満洲を歴史上支配したことがなかったため、統治することができず、結果的に、満洲は匪賊《ひぞく》が跳梁跋扈《ちょうりょうばっこ》し、軍閥が群雄割拠《ぐんゆうかっきょ》する無政府状態（「無主の地」）となっていた。

当時日本であった朝鮮半島のすぐ北にある満洲が、まさに戦乱の地、混沌とした危険地帯となっていたのだ。

それまで日本政府は「戦闘不拡大方針」を採っており、関東軍も、それを貫いていた。しかし、乱世の中で邦人の生命財産を保護することは、困難を極めた。

また日本の世論は、政府の「戦闘不拡大方針」を弱腰外交と非難し、関東軍の軍事行動に期待をしていたのだ。

満洲事変や満洲国の建国などに対して、支那は国際連盟に訴えを起こした。それを受けて、一九三二（昭和七）年、国際連盟はイギリスのリットン伯爵を団長とする調査団を派遣した。膨大な証拠や証言をもとにしてまとめられたのが、『日支紛争に関する国際連盟調査委員会報告』、いわゆる『リットン報告書』だ。

『リットン報告書』は、一九三一（昭和六）年九月一八日の満洲事変勃発前夜の状況について、次のように結論づけている。

中村事件は、ほかのどんな事件よりも強く日本人を憤慨させ、ついには満洲に関する日支懸案の解決のためには、実力行使も良しとする激論にまで至った。

この事件は、万宝山事件、朝鮮における支那排斥運動、日本陸軍による満洲と朝鮮の国境での図們江（豆満江の支那の表記）渡河演習、青島での日本の愛国団体の活動に対するシナ人の暴行等々、日支関係が緊張している当時のことだったから、その重大性はいっそう増した。

中村大尉が現役陸軍将校だったという事実は、強硬・迅速な軍事行動を正当化する理由として指摘され、こうした軍事行動に好都合な国民的感情を盛り上げるため、満洲と日本で国民大会が開かれた。九月最初の二週間にわたって日本の新聞は、陸軍では問題解決のためにほかに方法がないから武力に訴えることを決定したと繰り返し報じた。

（略）さらに九月上旬に（満洲から）東京に招致された奉天駐在武官・土肥原陸軍大佐の『必要な場合には実力を行使して、なるべく速やかにあらゆる懸案を解決すべきだ』といった主張が、次々と遠慮なく掲げられた。その他、多くの団体が述べた所感を伝える新聞報道は、時局の危ういまでの緊張を支持していた。

『リットン報告書』は、その分析の結論とも言うべき部分で、次のように論じた。

問題は極度に複雑だから、一切の事実と歴史的背景について十分な知識をもったものだけが、この問題に関して決定的な意見を表明する資格があるというべきだ。

この紛争（満洲事変）は、一国が国際連盟規約の提供する調停の機会を、あらかじめ十分に利用し尽くさずに、他の一国に宣戦を布告したといった性質の事件ではない。また、一国の国境が隣接国の武装軍隊によって侵略されたといったような簡単な事件でもない。なぜなら満洲においては、世界の他の地域に類例を見ないような多くの特殊事情があるからだ。

そして、そうした複雑な事情を見事に解決したのが、満洲国という「合衆国」を、民族協和の理念で建設することであったのだ。

## 満洲人の四巨頭が関東軍に満洲平定を求めた

満洲国建国の背景には、支那に満洲でやりたい放題をされていた満洲の人々の思いが、その背景にあった。

支那は、自国の領土でもない満洲で、あたかも自国の領土を平定するかのように、横暴かつ無法に振る舞ったのだ。

支那の攻撃を受けていた満洲人部族の四巨頭が、関東軍に期待を寄せて会いに来た。そこで関東軍は、清朝最後の皇帝だった愛新覚羅《あいしんかくら》・溥儀《ふぎ》を皇帝に擁立して、満洲国を建国した。満洲国は、満洲民族を中心に、蒙古民族、漢民族、朝鮮民族、日本民族の五族が、共存共栄する「五族協和」の「合衆国」を建設しようとしたもので、現在喧伝されているような、侵略でもなければ、日本による傀儡政権でもなかった。

満洲が、「五族協和」の理念で、平和に統治され、経済が発展して、人々が幸せを感じられるようになることが、当時の満洲人、あるいは他の民族の人々の願いであった。

関東軍は、満洲人の首領たちの願いを引き受けて、満洲国の建国へと動いたのだった。

新京の大同大街

ちなみに、満洲国は、日本の援助もあって大発展を遂げた。

上の写真をご覧頂きたい。満洲国の首都・新京（元・長春）の大同大街《だいどうたいがい》の写真である。これが満洲かと目を疑う。ハルビン街の登喜和《ときわ》百貨店、満洲国国務院庁舎、満洲中央銀行など、当時の最高水準の建築物であった。

私は経済ジャーナリストとして、半世紀にわたって取材をし、記事を書いてきた。

そこで手元にある、豊國平成塾（代表・村上廣、尾張国・中村　豊國神社宮司）世話人の加藤浩康氏の論文中の「満洲国の経済開発」部分を参考に、私の考えを述べてみたい。

柳条湖事件の後、一九三一（昭和六）年九月に、関東軍は経済政策に関する調査を満鉄に依頼した。それを受けて満鉄は、なんと一一一冊に及ぶ「満洲立案書類」を取り纏めた。これをもとに各分野で様々な策定が行われ、一九三二（昭和七）年三月に、基本方針「満洲国経済建設綱要」を発表。実行に移した。

## 日本の投資によって大発展した満洲国

まず注目すべきは、写真でも紹介した新都市建設・既設都市改修の見事さだ。日本の戦後復興も、こうした日本の底力があったから、焦土と化した東京にもかかわらず、終戦後わずか一九年で、オリンピックが開催できたのだ。いま、日本がそうした力を失っていないことを願うばかりである。

戦前の日本が、短期間に近代都市を建設した技量は、明治の遺産とも言える。明治維新を成し遂げた力が、朝鮮半島をまたたく間に近代的な半島に変貌させた。その明治の原動力は、江戸時代の蓄積による。これが、日本の底流としてある力なのだ。

新京は人口一二万の中規模都市だったが、第一次計画で五〇万都市、昭和一七年には、なんと百万都市として計画が推進されたという。特に電気・上下水道のインフラ整備、水洗便所などの衛生面に配慮した都市計画だったというから、日本人の意識の高さに敬意を表したい。

重要産業については、「一業一社」の特殊会社を創立して、過当競争を回避した。主だったものとして満洲中央銀行、満洲航空、満洲電信電話、満洲石油、同和自動車、満洲炭鉱など二六社だった。出資は、満鉄が三割、残りが他企業だった。「財閥入るべからず」が、産業育成の方針だったという。

満洲の発展には、ダム建設による電力開発が重要だった。これまで満洲にあった発電所は、ロシアが大連に建設した二五〇キロワット三基の発電機と、日本が譲り受けた権益内の自家用発電機だけだった。

建設開発計画に従い、火力発電会社を統合して満洲電力株式会社とし、一九三八（昭和一三）年には約六〇万キロワットを供給できるようにした。さらにダム建設を推進。一九四一（昭和一六）年に鴨緑江水豊ダム、一九四二（昭和一七）年には鏡泊湖発電所、一九四三（昭和一八）年三月には、松花江豊満ダムを完成した。ちなみに有名な豊満ダムは、水量調節（洪水防止）、灌漑、飲料水、工業用水、発電などに利用できる多目的ダムで、東洋で最初にして最大級、世界的にも有数の多目的ダムだった。

重力式コンクリート堰堤は、高さ九〇メートル、延長一一〇〇メートルという想像を絶する規模で、貯水面積は六二〇平方キロ。なんと琵琶湖ほどの大きさの湖が満洲に出現した。

ダムを見学に訪れたフィリピン外相は、「フィリピンは、スペインの植民地として三五〇年、アメリカが支配して四〇年になるが、住民の向上に役立つものは、何ひとつつくっていない。

満洲国は、建国わずか一〇年でこのようなダムを建設したのか」と感慨深く述べたという。

国際連盟の採決にもかかわらず、各国が満洲国を承認した理由は、このフィリピン外相の言葉が、よく物語っている。

多くの政治家は、政策を掲げても、実現できないことが多い。ところが、満洲国の「五族協和・王道楽土」は、単なる概念や理念ではなかった。日本は、満洲国の建設を強力に後押しして、諸民族と共に、理想国家の建設を目指したのだ。これは、明らかに植民地ではない。「合衆国」というのは、作家の黄文雄《こうぶんゆう》氏による比喩だが、日本はアジアに理想的な「合衆国」を建設しようとの理念で、満洲国を支援し、経済発展を達成させたのである。

満洲では、重工業の発展にも力が注がれた。これは日本の戦争能力向上という観点からも頷ける。満洲の重工業開発は、満鉄が日露戦争勝利の後、継続的に実施してきた。しかし、本格的に開発され始めたのは、満洲国建国後だという。加藤浩康氏の論文には、重要な指摘があるので引用したい。


昭和十二年から実施された産業開発五カ年計画で鉱工業部門の増産項目は電力・鉄・鋼・石炭・鉛・金・ソーダ灰・パルプ・畜産加工・飛行機・自動車等々で総額二十五億円。同年の日本の財政規模は一般会計歳出が二十七億円（うち鉱工業部門約十四億円）でしたから、満洲国の開発に充当された金額の規模がわかります。

なによりも、私が驚愕したのは、日本はそうした満洲国の経済発展を、大東亜戦争を戦っている間も、続けていたことだ。

日本人は、心から「大アジア」を欧米列強の植民地支配から解放しようと、自らは塗炭の苦しみにあっても、アジア諸国のために自己犠牲的に献身していたのだ。

アジアに広がる広大な陸の戦域、そして太平洋の西半分とも言うべき広大な海洋の戦域。そこで欧米列強と戦いながら、満洲国を発展させていた。日本の底力は、凄まじいものがある。

## 支那事変は日本の侵略戦争ではない！

近年、支那事変については、多くの本が出てきた。私は当時の日本側の呼称を重要視するので〝日中戦争〟という呼称は使わない。

支那事変は、コミンテルン（国際共産主義）による謀略事件が発端となっている。

つまり、それはコミンテルンという「最大の北の脅威」との対峙であった。

これは、日本の防衛戦争だ。

日本が、コミンテルンの侵略と戦ったからこそ、朝鮮半島は分断もされず、日本統治によって平和と繁栄を謳歌できたのである。

新潮新書から『毛沢東　日本軍と共謀した男』という本が出版されたが、著者の遠藤誉《ほまれ》氏の主張に目を開かされた。

遠藤氏は、理学博士。筑波大学の名誉教授でもあるが、「中国研究の第一人者」として、テレビ出演も多い。中国吉林省長春（新京）生まれで、毛沢東思想教育に洗脳されて育った。

遠藤氏が、毛沢東が「皇軍に感謝する」と言ったことや抗日戦争に力を入れていなかったこと、また「南京大虐殺」には自伝『マオ』でも一言も触れていない等、興味深いことを述べていた。

私が注目したのは、「西安事件」に関する内容だった。

「西安事件」は、一九三六（昭和一一）年一二月一二日に起きた。蔣介石が中国共産党の討伐を進めていたときに、部下の張学良の寝返りにあって、西安で投獄監禁されたのだ。中国共産党の周恩来と会見し、蔣介石は、国共合作を約束させられた。

この事件の背後には、スターリンのコミンテルンが暗躍していた。中国共産党に対し、国民党軍と日本軍を戦わせ、共倒れにさせた上で、共産党が「中国」を支配せよと、指令が出ていた。

一九五六年九月四日、毛沢東は元陸軍中将の遠藤三郎に会い、「皇軍が中国に進攻してきたことに感謝する」と語ったことは、よく知られている。毛沢東は「進攻」と、進という字を使う表現を選んだ。「侵略」でも、「侵攻」でもなかったと、遠藤氏は付記している。実に興味深いが、そのときの詳細は、ぜひ『毛沢東　日本軍と共謀した男』（新潮新書）をお読み頂きたい。

話を「西安事件」に、もどそう。

遠藤氏の「西安事件」の解説の中で、「なるほど！」と思った点がある。

遠藤氏の解説を引用しよう。

> 西安事件が起きるのが一九三六年一二月で、日中が全面戦争に入るきっかけとなる盧溝橋事件が起きるのが一九三七年七月七日。
>
> 日中が全面戦争に入った後ならば、まだわかる。戦争が始まったのだから、国民党だの共産党だの言わずに、ともかく力を合わせて戦おうではないか、という論理ならば整合性がある。しかし西安事件と盧溝橋事件は、時系列的に逆転しているのだ。先に「ともに戦いましょう」という戦争勃発を前提とした西安事件を起こして、あとから「戦争が起きる事態」になる。これは、どう考えても時系列的整合性がない。

蒋介石は、当時共産党討伐に全力を投じていた。このため、蒋介石はなんとか日本と和平交渉ができないかと、広田弘毅外相と何度も話し合っていた、それが一気に逆転し、国民党軍と共産党軍が合体して日本軍と戦うことになった。

遠藤氏は、ゾルゲと尾崎秀実《ほつみ》が背後で暗躍したと論じている。

ゾルゲは、一九三〇年にドイツの大手新聞記者として上海租界に派遣され、そこで朝日新聞記者だった尾崎秀実と出会った。当時、ゾルゲは毛沢東も取材していた。一九三三年に、東京特派員となったゾルゲは、尾崎と再会し、スパイ活動で協力しあった。

もし「西安事件」がなければ、毛沢東・周恩来の共産党軍は、蔣介石国民党軍に、ほとんど完膚なきまでの敗北寸前まで追いつめられていた。もし、蔣介石国民党軍に共産党軍が壊滅させられていたら、現在の中華人民共和国は存在していなかっただろう。

## 盧溝橋事件は共産党が仕掛けた

一九三七（昭和一二）年七月七日、日本軍の支那駐屯歩兵第一連隊第三大隊第八中隊は、中国軍第二九軍に事前通告をして、盧溝橋《ろこうきょう》に近い河川敷で夜間演習をしていた。午後一〇時四〇分、数発の弾丸が日本軍に撃ちこまれた。さらにその後、一〇数発の発砲が別（土手）方向からあった。銃撃は執拗で、翌早朝三時二五分に三回目、五時三〇分に四回目の銃撃があった。

ここで、日本軍は初めて反撃を開始した。最初の銃撃から、なんと七時間後のことである。この銃撃が、中国共産党による挑発であることは、現在一〇〇パーセントハッキリしている。

なんとかして国民党政府を日本と戦わせ、戦力を消耗させてから国民党を打倒し、共産党の国家を創ることを目指したものだ。これが事実上コミンテルンのトップに立っているソ連のスターリンの考えである。（遠藤誉『毛沢東』）

世界の情勢を勘案し、日本軍は中国との戦争を進めるつもりは、まったくなかった。実際、四日後の七月一一日に停戦協定に至っている。内容は、次の通りだ。

一、中国側が責任者を処分する。
二、将来再び、このような事件が起こらないように防止する。
三、盧溝橋および龍王廟《りゅうおうびょう》から兵力を撤退し、保安隊をもって治安維持にあたる。
四、抗日各種団体の取り締まりを行う。

政府のみならず、軍部も戦闘を望んでいなかった。このため日本側の不拡大方針により、特に障害もなく停戦協定が結ばれた。

ところが、状況は日本側が望むような方向には展開しなかった。依然、満洲の治安状態は不安定で、日本人が経営する商店、工場などが襲われた。また、日本人居留民に対しても、暴行、虐殺、テロが頻発した。「大紅門《だいこうもん》事件」「廊坊《ろうぼう》事件」「広安門《こうあんもん》事件」といった日本兵の殺害事件も、相次いで起こっていた。

## いわゆる「南京大虐殺」はなかった。しかし「通州での邦人の大虐殺」はあった

自由社から出版されている『新しい歴史教科書』では、歴史の事実ではない、いわゆる〝南京大虐殺〟には一切触れずに、代わりに歴史上に実際に起きた悲惨な日本人居留民の大虐殺、〝通州事件〟について記述している。

拓殖大学客員教授の藤岡信勝氏は、この画期的な出来事を、「昭和期の教科書の伝統に戻っただけだ」と、述べている。

日本の教科書の記述に関する闘争は、「家永教科書裁判」がよく知られている。家永三郎は、戦前はそれこそ「皇国史観」に立った保守派の教科書を書いていた。ところが戦後は、一転「連合国戦勝史観」を踏襲するかのような教科書を執筆した。

この裁判は、家永氏が執筆した教科書を「偏向教科書」だとして、著者を訴えたものであったが、その「偏向教科書」でさえ、史実ではない「南京大虐殺」はもちろんのこと、「南京事件」としても記述していなかった。

日本の教科書に「南京事件」が登場するようになったのは、一九八二（昭和五七）年の教科書誤報事件の後になってからだった。つまり、八〇年代になって初めて、「南京事件」が教育現場で問題となり始めたのだ。ちなみに、「中共」が教科書で「南京大虐殺」を取り上げたのは、日本の教科書に記述されるようになってからのことだ。

自由社の教科書は、通州事件について次のように記述している。

> 北京東方の通州には親日政権がつくられていたが、七月二九日、日本の駐屯軍不在の間に、その政権の中国人部隊は、日本人居住区を襲い、日本人居留民三八五人のうち子供や女性を含む二二三人が惨殺された。（通州事件）

通州は、北京から東へ約一二キロほどのところにある都市で、蒋介石の南京政府を離脱し「冀東《きとう》防共自治政府」が置かれていた。河北省に属する親日政権だった。

ところがその親日政府の保安隊の幹部二名が、第二九軍と密通していた。通州特務機関長だった細木繁中佐は、その二名から「頻発する日本兵殺害やテロから日本居留民を保護し、第二九軍の攻撃から通州を守るには、配下の保安隊を集結すべきである」と進言された。細木中佐は信頼し、中国兵の保安隊三〇〇〇の集結を許可した。

保安隊は集結が終わると、深夜、通州城の城門を閉め、通信手段を遮断した。そして日本軍留守守備隊約一一〇名と日本人居留民三八五名を襲撃した。

その目を覆うばかりの惨状は、典型的な中国人による凌辱、惨殺のやり方だった。五三年前の一八八四（明治一七）年に、朝鮮半島で金玉均が甲申政変を起こしたときも、清国軍に日本人居留民と三〇余名の婦女子が凌辱、虐殺された。そのやり方はそっくりだった。日本軍将兵も、そうした手口はよく知っていたが、通州事件の残虐非道は衝撃だった。

その様子は、茂木弘道氏の『戦争を仕掛けた中国になぜ謝らなければならないのだ！』（自由社ブックレット）の四七ページにも紹介されている。東京裁判の宣誓供述書からの引用なので、ぜひ、お読み頂きたい。

日本の新聞も当時、一斉にその非道を報じ（次ページ参照）、日本国民の義憤遣る瀬無いものがあった、と茂木氏の本にも、「宛《さなが》ら地獄絵巻！鬼畜の残虐言語に絶す」「保安隊変じて鬼畜罪なき同胞を虐殺」などと報じた当時の日本の新聞記事が紹介されている。

日本国民の感情は、憤激に堪えないものだった。それでも日本政府は平和的解決を望み、関

THE TOKYO ASAHI SHIMBUN

保安隊變じて鬼畜
罪なき同胞を虐殺
銃聲杜絶え忽ち掠奪

恨み深し！通州暴虐の全貌
【天津にて田中特派員二日發】

通州事件を報じた東京朝日新聞の記事。「保安隊変じて鬼畜　罪なき同胞を虐殺」「恨み深し！通州暴虐の全貌」の見出し。

東軍も戦闘不拡大方針を貫いて耐え忍んでいた。

通州事件に関し、日本政府が策定した和平案も、驚くべきものだった。「満洲事変以降の日本の中国権益を全て白紙に戻す」という、最大限の譲歩案だった。

八月九日、日本と中国の交渉が、上海で行われた。同日、上海で「大山中尉惨殺事件」が発生した。

午後五時ごろ上海虹橋空港共同租界路を自動車で走行していた海軍特別陸戦隊の大山勇夫《いさお》中尉と斎藤嶼蔵《よぞう》一等水兵は、多数の中国保安隊に包囲された。機銃、小銃で頭部、腹部に蜂の巣のように銃弾を浴びせられた上、大山中尉は刃物や鈍器で凌辱され、靴、札入れ、時計も奪われた。斎藤一等水兵は、運転席に大量の血痕を残し、拉致された。

これも中国共産党の挑発だったが、常軌を逸した猟奇事件だった。

八月一二日、今度は蒋介石国民党政府の正規軍が、アメリカ、イギリス、フランス、イタリアなどの居留民もいた国際共同租界の日本人居留区を包囲した。当時は、各国が居留民保護のために軍隊を駐屯させていた。日本人居留区には二万数千の日本人居留民がいた。

八月一三日、中国精鋭部隊三万は、居留民保護のために駐屯していた海軍特別陸戦隊四二〇〇に対し一斉攻撃を開始した。そもそも海軍陸戦隊は、陸軍正規部隊と異なり重装備をした軍隊ではない。アメリカの海兵隊とは、まったく異なる。その海軍陸戦隊に対し、中国陸軍の正規部隊が機関銃攻撃、砲撃を行ったのだ。

一四日、中国軍はアメリカ製爆撃機数機でホテルを空爆し、宿泊していた数十人の欧米人を死傷させた。さらに、数百メートル離れた繁華街にあった「大世界」という娯楽施設も爆撃、一〇〇〇人を超す中国人が死亡した。この中国軍の攻撃は、「日本軍の爆撃」と報道されたが、詳細は後述する。

一五日、蒋介石は全国総動員令を発令。総司令官に就任し、兵員を七万に増強。日本に対し全面戦争を仕掛けてきた。

同日、第一次近衛内閣は、居留民保護のために戦闘不拡大方針を撤回。上海派遣軍の編制が下命され、松井石根《いわね》陸軍大将が司令官に任命された。

さらに二一日には中ソ不可侵条約を締結、ソ連から航空機九二四機、自動車一五一六台、大砲一一四〇門、機関銃九七二〇丁の譲渡および操縦士、教官の派遣を受けた。

日本の上海派遣軍の陸軍一個師団が呉淞《ごしょう》に到着したのは、二三日だった。

蔣介石は、ドイツのファルケンハウゼンら五百数十名の軍事顧問団の指導のもとに、作戦を実行していた。上海の西に築いた堅固二万余のトーチカと塹壕陣地（ゼークトライン）は、日本軍を阻んだ。さらに訓練された精鋭部隊は強く、しかも日本軍の上海派遣を予測して、数十万の軍隊を配置していた。

九月九日、三個師団一一個旅団の増派によって、日本軍はなんとか進撃を開始した。

中国のこうした攻撃について、八月三〇日付『ニューヨーク・タイムズ』紙は、「日本軍は敵の挑発のもとで最大限に抑制した態度を示し、数日の間だけでも全ての日本軍上陸部隊を兵営の中から一歩も出さなかった」と報じた。また九月一六日付になるが、『ヘラルド・トリビューン』紙は、「中国軍が上海地域で戦闘を無理強いしてきたのは、疑う余地はない」と報道している。

一〇月二六日、大場鎮《だいじょうちん》を攻略して、日本軍は上海を制圧した。日本軍の損失は、戦死一万七六、戦傷三万一八六六だった。一方の蔣介石軍の損失は、約四〇万だった。

## 日本は北東アジアを侵略したのか？

東京裁判で、日本は「侵略戦争」によって、「平和に対する罪」を犯したとされた。東條英機陸軍大将（元首相）ら七人が、その戦争犯罪の責任により、絞首刑に処せられた。

だが、もともとアジアを植民地支配していたのは、宗主国だった西欧列強やロシアだった。日本は、その欧米列強の植民地支配を打破し、民族平等の世界を建設することに使命感を感じていたのである。

# 第六章　分断された朝鮮半島

## マッカーサーによる軍事占領

マッカーサーは、一九四五（昭和二〇）年に日本統治下にあった朝鮮半島を「解放」した。ところが皮肉なことに、この「解放」によって、なんとマッカーサーは「日清戦争」と同じような戦争を、一九五〇（昭和二五）年になって、もう一度戦わなければならなくなってしまった。いわゆる、朝鮮動乱である。

そして、そのとき初めて「日本の戦争が自衛戦争であった」と、自らの体験から理解できたのだ。

我々は、このことの意味を、いま、もう一度よく考えてみなければならない。

なぜならば、朝鮮戦争が休戦中のいまも、この半島を取り巻く安全保障の環境は、本質的に変わっていないからである。

金正恩の独立心がやや旺盛なところは、二度にわたる朝鮮半島を舞台とした「代理戦争」に、学んだところもあるのかもしれない。

共産主義独裁政権国家の北朝鮮が核武装をしてワシントンを攻撃できるようになったとき、果たして米軍がワシントンのアメリカ市民を犠牲にしてまで、いまの韓国や日本を守るかどうかは疑問である。

米韓合同軍事演習では、核抜きで最大級の被害を北朝鮮に与えられることをデモンストレーションして見せた。

これがエスカレートすると、核抜きの局所的戦闘が暴発するかもしれない。そのときアメリカが、米兵を犠牲にしてまで韓国を守ろうとするか、ということだ。

もし朝鮮半島で、もう一度、「朝鮮動乱」が再燃すれば、北朝鮮は自国の存亡を賭して、捨て身で韓国に攻め入るだろう。そうなれば、ソウルはあっという間に火の海になってしまう。日本にも大きな影響が出ることだろう。対岸の火事では済まないことは、当然の帰結だ。

日本にとっても「半島情勢」は、安全保障上の重大な要素であることは、日清戦争当時も、朝鮮戦争のときも、そしていまも変わらないのだ。

いや、もっと言えば、日本が、独立主権国家としての意識を高め、「防人」を配備したのは、朝鮮半島情勢が発端だった。

この半島を巡る大陸支那とのせめぎ合いが、日本に「強い独立主権国家」を建設しなければならないという意識を、芽生えさせたのだ。

日本の安全保障を考えるときは、日本書紀や万葉集の「防人」の歌が、なぜ編集されたのか、そこまで遡って考察をすべきなのだと、そう思う。

## 終戦を機に朝鮮を独立させようとした日本

日清戦争に日本が勝利したことで、朝鮮半島には「大韓帝国」が建設された。

朝鮮半島は一九一〇（明治四三）年の日韓併合によって日本になっていたが、一九四三（昭和一八）年一一月、連合国はカイロ宣言で朝鮮半島を自由独立の国とすると発表した。しかし、一九四五（昭和二〇）年二月にヤルタで行われた会議において、第二次世界大戦後は、アメリカ、イギリス、ソ連、中華民国の四カ国が信託統治をするという秘密協定が結ばれた。もちろん、四カ国が勝手に決めたことで、当時日本だった朝鮮がそんなことを知るよしもなかった。

だが、四カ国の首脳たちは、それが問題なく履行されるなどとは考えてもいなかった。同年四月にアメリカ大統領となったハリー・トルーマンは反共主義者で、ソ連によって朝鮮半島全体が軍事占領されることを警戒していた。

そんな中、同年八月八日、ソ連軍が日ソ不可侵条約を一方的に破棄して対日参戦、満洲国に軍事侵攻した。そうしたソ連の動きを受け、アメリカは八月一一日、国務省と国防総省の調整委員会（State-War-Navy Cordinating Committee：ＳＷＮＣＣ）が、北緯三八度線を境に朝鮮半島を南北に分割して統治することを統合参謀本部議長に提案した。

八月一三日、トルーマン大統領は軍のこの案を承認したが、同日、ソ連軍はまだ日本領だった北朝鮮の清津市に上陸した。

八月一五日に日本軍が天皇陛下の玉音放送によって戦闘を停止すると、アメリカ政府は朝鮮の南北分割処理案を、連合国側のイギリス、ソ連、さらにマニラにいたアメリカ西南太平洋連合軍司令官・マッカーサーに通告した。

この終戦に伴い、当時の朝鮮総督・阿部信行陸軍大将らは朝鮮総督府から日章旗を下ろし、太極旗を掲揚させた。太極旗とは現在の韓国国旗である。さらに朝鮮建国準備委員会を結成させた。そもそも日本が朝鮮を併合した理由はソ連や支那の脅威にあったし、それ以前から朝鮮の独立を願っていたからこその措置だった。言葉を換えれば、日本は終戦を機に「朝鮮を独立させよう」としたのだ。

しかし、それをアメリカは認めなかった。

## 米・英・ソによる朝鮮南北分割処理案

九月八日、南朝鮮（後の韓国）に進駐してきたアメリカ軍は、総督府に掲揚されていた太極旗を引きずりおろし、再び日章旗を掲揚させた。アメリカは、朝鮮をあくまでも「日本の一部」として扱った。実際、それまで朝鮮人は日本国民として連合国と戦っていたのだから、アメリカからすれば当然の措置だった。

そもそも日本統治下の朝鮮半島で、独立運動などは存在しないに等しかった。独立運動組織は小さな勢力が亡命先で活動する程度だった。

具体的には、中華民国の上海にあった大韓民国臨時政府、中国共産党の指導下にあった満洲を拠点とした抗日パルチザン「東北抗日聯軍」、そしてアメリカ国内の活動家らだった。

また、日本が降伏した時点で、朝鮮全土にわたって独立に向かうような運動はまったく展開されなかった。つまり、「日本からの解放、独立」は、連合国軍によってもたらされたもので、朝鮮人民が自ら抗日戦争で勝ち取ったものではなかったのである。ただ独立運動家の呂運亨《ヨウニョン》は、そうした状況にあって比較的統制がとれた集団を率いていた。

八月九日にソ連軍が豆満江《とうまんこう》を越えて朝鮮半島に侵攻してきた。朝鮮総督府は七〇万人の在留邦人を抱え、ソ連が朝鮮全土を占領することを恐れていた。

呂運亨

そこで総督府は、呂運亨に行政権の委譲を申し出、呂運亨は政治犯釈放と独立運動への不干渉を条件にこれを受け入れた。呂運亨は、日本が八月一五日に終戦を迎えると、すぐに朝鮮建国準備委員会を結成した。

呂運亨は左右の協力を得て、朝鮮統一を目指した。しかし釈放されて独立に加わった多くが、弾圧された共産主義者だった。このため、建国準備委員会は左傾化していった。

終戦の翌日にあたる一九四五（昭和二〇）年八月一六日、ソ連のスターリン、英国のチャーチル首相も、「朝鮮の南北分割処理案」を承認するとアメリカ側に通告してきた。

これにより、日本領だった朝鮮半島は、北緯三八度線を境に、北側をソ連軍が、南側をアメリカ軍が占領処理することとなった。

## 米・ソによる軍政と北の赤化

朝鮮半島の占領について、手元に『朝鮮半島統一問題の歴史と現況』（教育社）と題した矢ケ崎誠治氏の好著があるので、それをもとに当時の歴史を簡潔に振り返っておきたい。矢ケ崎氏は、一九七三（昭和四八）年から『サンケイ新聞』ソウル特派員を務めた後に、『夕刊フジ』の報道部に移った人物である。

一九四三（昭和一八）年一一月二七日に出されたカイロ宣言は、「三大国は朝鮮人民の奴隷状態に留意し、やがて適当な時期に朝鮮を自由かつ独立のものたらしめる決意を有す」としている。

当初の占領処理は、分断統治ではなく、あくまで日本軍の武装解除と、朝鮮をひとつの独立国とすることにあった。それにもかかわらず、三八度線で南北に分割することをアメリカが提案したのは、「首都ソウルを握っておくほうが賢明」という判断からだった。朝鮮人民がこの分割占領を知ったのは、北では八月二六日、南はそれより二日遅れて八月二八日のことだった。

そして九月二日に戦艦ミズーリ艦上で日本が降伏文書に調印をすると、事態は急展開することとなった。連合国軍総司令部（ＧＨＱ）のマッカーサーが「分割占領」を正式に発表すると、九月六日にはソ連軍が海州《ヘジュ》（現在の黄海南道《ファンヘナムド》の道都）で南北間をつなぐ電話・通信を断絶、郵便も中断された。九月八日、仁川に連合国軍が上陸。呂運亨は面会を求めるが拒絶された。九月一一日にはソウルでアメリカ軍が、一六日には平壌でソ連軍が、それぞれに軍政を敷いた。

米軍政庁は、呂運亨らがソウルで計画していた朝鮮人民共和国の樹立を禁止した。「朝鮮民族自らの手による南北単一政権を目指す」とのことだが、左翼色が強い計画で、「自由主義に基づく軍政の政治理念に反する」というのが禁止理由だった。

一二月二七日、モスクワで米英ソ三国外相会談が行われ、「適当な時期まで、朝鮮半島を米英ソ中の四カ国で信託統治する」と発表された。朝鮮人民は、「信託統治反対」を叫んでデモやストを繰り返したが、アメリカもソ連まったく聞き入れることはなかった。

一九四六（昭和二一）年三月二〇日、ソウルで第一次米ソ共同委員会がスタートしたが、既に米ソの協力体制は大きくひび割れしていた。ソ連は、勢力圏を拡大する野心に溢《あふ》れ、アメリカには社会主義の膨張への警戒心があった。

一方、ソ連は、抗日独立運動の英雄「金日成将軍」に対する朝鮮人民の尊敬心を利用して、三三歳の抗日運動家・金成桂《キムソンジュ》少佐に「金日成」を名乗らせて北に送り込んだ。

そのソ連軍政のバックアップを受けて、「金日成将軍」は、北朝鮮の政治機構の中枢にのしあがっていった。

そして二月九日には、北朝鮮臨時人民委員会（北朝鮮臨時政府）の委員長に就任し、三月に土地改革、六月に労働改革、八月には重要産業国有化と、ソ連型社会主義を導入、北朝鮮の金王朝がここに始まったのである

## 金日成による「建国」の草創期に拉致が始まった

前出のチャック・ダウンズ編『ワシントン北朝鮮人権委員会　拉致報告書』（自由社刊）によると、北朝鮮による拉致はこの頃から始まっているという。引用しよう。

一九四六年七月三一日、金日成主席は「知識階級ならびに専門教育を受けた人たちを、北朝鮮に誘い込め」と指令した。さらに、「共和国には、発展のために必要な知識人や技術者が十分ではない。韓国からそうした人材を連れてこなくてはならない」と、付言した。

この指令が元となって、韓国人の拉致という悲劇が、その後何十年にもわたって続いた。前述したように、そもそも金日成は、ソ連が朝鮮半島「赤化」のために送り込んだ、工作員だった。朝鮮民族独立の戦いをしたとされる朝鮮の英雄として知られる「キム・イルソン将軍」に、「成りすました」工作員である。バックにいたのはソ連であり、コミンテルンだった。民族自決などは建前で、金日成の本当の目的は、朝鮮半島の「赤化」だった。

そして一九四七（昭和二二）年二月二〇日、金日成はついに、臨時人民委員会から「臨時」の二文字をはずして、事実上の「北朝鮮政府」をつくり上げてしまった。

## 韓国独立記念日のウソ

韓国では、八月一五日を「光復節」と呼んで祝日にしている。八月一五日は、日本の支配から解放された「解放記念日」であり、また韓国が日本の植民地支配から独立した「独立記念日」だというのである。

これは韓国人には残念かもしれないが真っ赤なウソだ。ここまで説明してきたように、韓国が独立したのは一九四八（昭和二三）年八月一三日のことである。この日、首都ソウルで韓国樹立の宣布式が挙行されている。当然、独立記念日は八月一三日なのだ。

ところが、八月一五日を「独立記念日」と偽っている。いったいなぜか……。

それは、日本の「終戦の日」と、韓国の「独立記念日」を同じ八月一五日とすることで、韓国は、「日本の植民地支配から、独立した」と装いたいからだろう。あろうことか、韓国では、この「独立」というウソと同時に、「韓国は戦勝国だ」という曲論までまかり通っている。実に、歴史無視、歴史修正、歴史捏造を絵に描いたような曲論である。

好むと好まざるとにかかわらず、朝鮮は日本に併合され、朝鮮半島の朝鮮人は大日本帝国の

「臣民」であった。一九四三（昭和一八）年には、皇軍への朝鮮人志願は三〇万余、合格したのは六〇〇〇余りというから、朝鮮人はなんと五〇倍もの倍率で皇軍に志願していたにもかかわらず、どうして日本に対する戦勝となれるのだろう。

このあたりの事実関係については、水間政憲氏の『朝日新聞が報道した日韓併合の真実』（徳間書店）に詳しい。朝鮮半島で志願制度が導入されたのは一九三八（昭和一三）年のことだ。同書によると、

> 日支事変の遠因となった、一九三七年七月二九日の「通州事件」（北京近くの通州で日本人居留民二百数十名が中国兵に惨殺された）により、朝鮮人の中国への怒りが頂点に達していたこともあり、朝鮮半島では志願兵制がまだなかったにもかかわらず、志願が殺到していた。

のだという。

同書には、当時の大阪朝日新聞の記事も紹介されている。その見出しには、「志願兵申出で百五名に達す　沸《た》ぎる半島同胞の熱血」と書かれ、当時の様子が次のように報じられている。

暴戻《ぼうれい》支那を討つべしと朝鮮同胞の義憤の血はいやが上にも沸ぎり、朝鮮憲兵司令部の調査によれば七日現在志願兵を申出たものの数は京畿道の二十五名を筆頭に全鮮で百五名に達している。（『大阪朝日・南鮮版』一九三七年九月八日付）

朝鮮人の志願兵制度は、一九三八年に陸軍特別志願兵制度が、さらに一九四三年に海軍特別志願兵制度が導入された。

それまで朝鮮人が一般の兵卒として日本の陸海軍に入隊することはできず、陸軍士官学校を卒業して士官に任官した者、あるいは旧大韓帝国軍から朝鮮軍人として日本陸軍に転籍した者に限られていた。そこに新たな道が開かれたのだ。

すると、当初七倍だった倍率が、五年後には、なんと五〇倍にも跳ね上がったのだ。

志願兵募集初年度となった一九三八年度は、志願者二九四六名中、四〇六名が合格した。以後も志願者数は右肩上がりで増え続けた。

| | | | |
|---|---|---|---|
| 一九三八年度 | 志願者 | 二九四六名 | 四〇六名合格 |
| 一九三九年度 | 志願者 | 一万二三四八名 | 六一三名合格 |
| 一九四〇年度 | 志願者 | 八万四四四三名 | 三〇六〇名合格 |

一九四一年度　志願者　一四万四七四三名　三二〇八名合格
一九四二年度　志願者　二五万四二七三名　四〇七七名合格
一九四三年度　志願者　三〇万三三九四名　六三〇〇名合格

そして同書によれば、「朝鮮人に実際に徴兵令が適用されたのは一九四四年九月からで、徴兵検査を済ませて訓練所に入所したのは一九四五年一月～七月の半年間だった」という。

また、「七月から朝鮮半島や日本国内の『防衛部隊』へ配属されたが、徴兵制度で入隊した朝鮮人のほとんどは実戦経験をすることなく、八月一五日の終戦を迎えた」とのことである。

## アメリカのパペット・李承晩

一九四五（昭和二〇）年八月一五日までは、朝鮮半島は日本国の領土であり、朝鮮人は日本国民だった。そのことを忘れてはならない。

朝鮮人も、大日本帝国の国民として連合国と戦っていたのだ。好むと好まざるとにかかわらず、それこそが歴史の真実である。

「朝鮮人は大日本帝国から独立しようと戦っていた」などということは、一部の例外を除いてまったく事実に反している。彼らは強制されたのではなく、むしろ志願して皇軍の兵士として戦おうとしていたというのが歴史の真実だった。

そんな中、抗日運動をしていた代表格は、韓国の初代大統領となった李承晩《イスンマン》である。syngman Rhee と表記するので私は「スィングマン・リー」と呼んでいるが、彼は、まさに「歴史修正主義者」ともいうべき存在で、「我々は日本の敗戦によって、植民地支配から解放された」と、アメリカのプロパガンダを喧伝《けんでん》して、朝鮮人の愛国心を煽っていった。アメリカは、李承晩を占領政策に利用して、アメリカのパペット（操り人形）にしようとし、李承晩は、その立場を自らの虚栄心を満たすために利用した。

李承晩は、韓国では「イー・スンマン」、北朝鮮では「リー・スンマン」と呼ばれている。一八七五（明治八）年三月二六日に、朝鮮の黄海道平山郡で、没落した両班《リャンバン》の家に生まれた。

李承晩

太宗の長男で世宗の兄にあたる譲寧《ヤンニョン》大君《デグン》の第一六代の末裔にあたるという。李氏朝鮮の王族の分家出身であることを誇りにしていた。

英語に堪能だったのは、アメリカ人宣教師のアペンセラーが設立したミッション・スクールの培材《ペジェ》学堂の第一期生だったからだろう。

朝鮮独立の気持ちが強く、二一歳で独立協会に参加した。

一八九七（明治三〇）年、李承晩は高宗の退位を要求する檄文《げきぶん》を散布したとして、培材学堂の学生だった二四歳のときに逮捕・投獄され、大韓帝国の官憲から拷問を受けたという。この投獄中にプロテスタントの監理教会派に入信し、キリスト教徒となっている。

独立協会は親ロシア政権が高宗皇帝に讒言《ざんげん》したために、一八九八（明治三一）年の一二月に強制的に解散させられた。

一九〇五（明治三八）年に日本が日露戦争に勝利すると、危機感を抱いた高宗は、アメリカに朝鮮の独立維持への援助を求めようと考えた。そこで英語のできる李承晩に白羽の矢が立った。

李承晩は特赦を受け、ハワイ経由でアメリカに渡り、アメリカ大統領のセオドア・ルーズベルトに面会した。

アメリカでは一九〇七（明治四〇）年に、ジョージ・ワシントン大学で学士号を取得。さらに、一九〇八（明治四一）年にはハーバード大学で修士号、そして一九一〇（明治四三）年には、プリンストン大学で朝鮮人初の博士号（政治学博士）を取得している。非常に優秀だったこともあり、李承晩は、当時大学の総長をしていたウッドロー・ウィルソンにも気に入られて、学長の自宅で開く懇親会の常連となった。そして李承晩は、折に触れ、「朝鮮独立の救世主」として紹介されていった。このウィルソンは後のアメリカ大統領となる（就任期間一九一三年三月四日〜一九二一年三月四日）。一九一〇（明治四三）年に朝鮮が日本に併合されると、その翌年、李承晩は帰国する。

そしてソウルのキリスト教青年会で宣教活動を始めるが、朝鮮総督だった寺内正毅の暗殺未遂事件に連座して再び投獄される。

一九一二（明治四五）年、李承晩はアメリカへ亡命、一九一三（大正二）年には、日本国民としてハワイのホノルルに在住、学校職員をしながら朝鮮独立運動に携わった。そして一九一九（大正八）年四月一〇日に、中華民国の上海で「大韓民国臨時政府」が樹立されると、李承晩はワシントンＤＣに欧米委員部を設立して初代大総理に就任。九月一一日には臨時政府大統領となった。

だが、そこには朝鮮人の意向などまったく入っていなかった。いや、それどころか、ほとんどの朝鮮人はそんなことになっているとは知りもしなかった。

## 人民がまったく知らなかった臨時政府初代大統領

前述したように、朝鮮半島は日本に併合されて以降は日本国であり、朝鮮人は大日本帝国の国民だった。朝鮮半島では民意をまとめるような独立勢力は、ハッキリ言って存在していなかった。そういう意味で、上海を本拠とした「大韓民国臨時政府」は、朝鮮半島で起こった独立運動ではまったくなかった。李承晩がこの「臨時政府」の初代大統領に推挙されたのは、アメリカのウィルソン大統領との人脈、大韓帝国皇帝の高宗とのつながり、そしてクリスチャンであったことなどによると指摘されている。

国際連盟（The League of Nations）が発足すると、李承晩は朝鮮の委任統治を提案した。独立へのステップとして国際連盟の委任統治を受けることが必要と考えていたのだ。

しかし、この考えは左派から強い非難や反発を受けることとなった、李承晩はやがて弾劾され、一九二五（大正一四）年三月二一日には、結局この「大韓民国臨時政府」の大統領職を追われることになる。

## 言いがかりを始めた李承晩

大統領職を失った李承晩は、アメリカでロビー活動を活発化させたが、一九三三（昭和八）年、国際連盟の総会で満洲事変について討議が行われたときには、「大韓民国臨時政府」全権代表として出席している。

李承晩は、一九四一（昭和一六）年には『日本の内幕記』を出版、日本はいずれアメリカに宣戦布告すると予言した。また李承晩は、「桂・タフト協定」を持ち出し、「日本の侵略を容認して朝鮮を見殺しにしたアメリカも同罪だ」とし、返す刀で朝鮮独立へのアメリカの支援を要請した。だが、アメリカが李承晩を支援することはなかった。

それも当然のことだった。そもそも「桂・タフト協定」は、一九〇五（明治三八）年当時、内閣総理大臣兼臨時外務大臣であった桂太郎と、フィリピン訪問の途中に来日したアメリカ合衆国特使のウィリアム・タフト陸軍長官との間で結ばれたものだった。

アメリカは朝鮮における日本の支配権を確認し、日本はアメリカのフィリピンの支配権を確認するというもので、日英米の三国による東アジアの安全保障を確認して、アジア情勢の安定化を目指したものである。アメリカが彼の要望を聞き入れるはずはなかった。

そんな李承晩にチャンスが訪れたのは、一九四五（昭和二〇）年八月一五日、日本が終戦を迎えたときだった。前述したように、ヤルタ会談で、朝鮮半島は北緯三八度線を境として、北をソ連軍が、そして南をアメリカ軍が軍政を敷くことで合意ができていた。

同年一〇月、李承晩は、在朝鮮アメリカ陸軍司令部軍政庁の直接統治下にある朝鮮半島に戻ってきた。それもマッカーサーの専用機に搭乗して、朝鮮半島に舞い降りたのだった。

朝鮮半島はそれまで日本だった。そこを占領統治する上で、「朝鮮独立運動」を三〇年ほどやっていた李承晩の存在は利用価値があると判断されたのだろう。

実際、アメリカ国内でのロビー活動で、アメリカには支援団体もできていたし、アメリカ政府にもよく知られる存在となっていた。また「大韓民国臨時政府」の初代大統領であったことやクリスチャンであったこと、また国際連盟の総会に「全権代表」として出席した経歴や、蒋介石の国民党とパイプがあったこともプラスに働いた。マッカーサーに李承晩を推奨したのは蒋介石だったともいわれている。

いずれにしても李承晩は、「反共統一」を掲げ、アメリカの軍政と歩調を共にした。

## 李承晩の韓国初代大統領への道

李承晩が朝鮮に戻ってきた当時、ソウルでは「韓国民主党」と「大韓民国臨時政府」が信託統治反対運動の路線を巡って対立していたが、臨時政府が左派と共同歩調を取るようになると韓国民主党は李承晩に接近した。

韓国民主党と李承晩は政府準備組織である「独立促進中央協議会」を発足、左派や「大韓民国臨時政府」と対抗して、アメリカ軍政下のソウル政界で主導権を握った。

一九四六（昭和二一）年二月、李承晩は「大韓独立促進国民会」を結成し、その総裁に就任する。

アメリカ軍政庁が最も嫌った左派を排除した李承晩と韓民党は、一九四八（昭和二三）年五月一〇日に国際連合（連合国）監視下での総選挙を実施しようとした。しかし、朝鮮半島の南北分断が固定化することに反対する勢力が各地で武装闘争を始めた。

一九四八（昭和二三）年四月三日、済州島で少なくとも三万人の島民が、南朝鮮国防警備隊や民間右翼によって虐殺された。済州島の島民だけが南朝鮮とは別に単独で動こうとする運動を、南の軍部や自警団は北朝鮮の介入によるものと考え、島民を無差別に虐殺するという暴挙に出たのだ。この後は、済州島は大韓民国領土とされた。ちなみに現在日本にいる在日韓国・朝鮮人の多くは、このときに日本に逃れた者とその子孫である。

大韓民国政府樹立国民祝賀式

そうした惨事も経て、李承晩と韓民党は制憲国会の議員を選出するための総選挙を制して、議会で第一共和国憲法を制定、その中で大統領の選出は国会による間接選挙とした。そして一九四八（昭和二三）年八月一三日、アメリカ軍政下で、朝鮮半島南部を実効支配する大韓民国が建国されると、李承晩は議会の多数の支持により、初代大統領に就任した。

一方、翌九月九日には、朝鮮半島北部を実効支配していた北朝鮮人民委員会を母体に、北朝鮮北部に朝鮮民主主義人民共和国が建国された。以来、大韓民国の李承晩大統領は「北進統一」を掲げ、また朝鮮民主主義人民共和国の金日成主席は「国土完整」を掲げて、南と北の双方がそれぞれに半島全土の統一を目指すことになったのである。

しかし、いまの朝鮮半島の緊迫した状況が生み出された本当の理由を知るには、さらに歴史を遡《さかのぼ》ることが必要だ。韓国も北朝鮮もことさらに日本による統治時代を取り上げて、「反日」の声を上げているが、実はその背景に白人列強の存在があったことについてまったく目を向けようとはしない。

# 第七章　日本よ、真の独立主権国家となれ！

## 三島由紀夫の没後四五年の憂国忌

三島由紀夫を偲《しの》ぶ人々が、毎年、三島の命日である一一月二五日に、「憂国忌」という集まりを催している。

私は、三島の自決の後、三島について語ることを自ら封印してきた。三島事件は、私にとって、あまりにも衝撃的な出来事だった。とても気楽に語れるようなテーマではなかった。

しかし没後三七年経った頃から、なぜか三島について語らなければと、そういう思いが日々強まっていくのだった。

まるで、三島の「憂国」が、私に憑いたかのようだった。

当時は、『黒船』というタイトルで、ペリーの来襲が日本にどのような衝撃を与えたかを、英文でまとめていた。

期せずしてその論考は、日本語で先に本として出版することになった。外交評論家の加瀬英明氏との共著『なぜアメリカは対日戦争を仕掛けたのか』や、拙著『英国人記者が見た連合国戦勝史観の虚妄』が、その思念の発露となった。

実は、執筆中に不思議な体験もした。

私が一人、外国特派員協会のワークルームで原稿をまとめていると、傍《かたわ》らに三島が立っていたことが、何度かある。

そして、「ヘンリー、そうじゃない」と、私に語り掛けてきたのだ。

私が次々と本を出版することになったのは、三島の「憂国」の思いがあったからかもしれない。いまの日本を三島はどう思っているのだろうかと、そういう問いかけを私が真剣にしていたことへの、三島からの「回答」であったのかもしれない。

私は一九六四(昭和三九)年、前回、東京オリンピックが開催されたときに、日本にやって来た。

次に東京オリンピックが開催される二〇二〇年は、三島が自決した一九七〇(昭和四五)年からちょうど半世紀、五〇年の節目にあたる。

三島の「憂国」は、東京裁判の法廷となった市ヶ谷の自決の現場から、いまも叫び続けられている。死後半世紀を経て、三島の「憂国」は、この国の現実を変えてゆくことになるのであろうか。

三年前、三島没後四五年の「憂国忌」に、私は次のようなメッセージを寄せた。

実は、主催者である評論家の宮崎正弘氏と直前にも電話で話して、「必ず行く」と約束していたのに、当日、体調がすぐれずに行くことができなくなってしまった。

それでも、三島への思いを伝えたいと、メッセージを披露してもらった。いまの私の本心である。


私は三島さんに、申し訳なく思っている。自決の前に、「この世の終わりのように感じる」と、手紙を受け取っていながら、三島さんの心を、読めなかった。

あの日から、四五年。私は、いま、三島さんが訴えていたことは、正しかったと、そう思う。

「建軍の本義」とは、「いったい何を守るための軍隊か」ということだ。石原慎太郎は、「ランド」、領土だと言った。三島さんは、「三種の神器だ」と答えた。

いまからちょうど一カ月後の一二月二五日に、私は「世界に比類なき日本文化」という本を、外交評論家の加瀬英明さんと共著で、祥伝社から上梓する。天皇を戴く日本という国の、なんとすばらしいことか。

「建軍の本義」は、世界に比類なき、万世一系の天皇の皇統を、守り抜くことだと、そう三島さんは訴えた。

英語で言う「コンスティテューション」＝憲法とは、「国体」という意味だ。占領憲法は、世界で最も古いダイナスティが歴史を経て連綿とかたちづくってきた「国体」を、内包しているだろうか。


なぜ、日本国憲法には国家元首が明記されていないのか。なぜ軍隊を持たないと宣言しているのか。


国家元首と軍隊を欠いては、独立主権国家は成り立たない。自明のことだ。

私は、マッカーサー、あるいはアメリカ国務省の本音とは、日本の保護領化だったと思う。自治権を与えても、国家としての完全なる独立は、認めないということだ。

カナダとオーストラリアは、首相が自治を行っている。しかし、デ・ファクト、事実上両国の国家元首は、女王陛下である。

最近私は、日本国憲法に書かれていない、暗黙の日本の国家元首は、アメリカ大統領なのではないか、と、そう思うことがある。きっと、皆さんは憤慨されることだろう。きっと、私の妄想だろう。そうあって欲しい。

しかし、独立主権国家ならば、国家元首がいなければならない。その国家主権を守る軍隊がなければならない。

日本の国家元首は誰か？

当たりまえだが、それは安倍さんではない。

三島さんは、命を賭して、その問題提起をした。我々は、いま、その問題提起を、厳粛に受け止める秋を、迎えている。

私は、三島さんのように自決はしない。

ただ、残された時間で、命がけで、三島さんに託された思いを、「目覚めよ、日本」と、訴えてゆきたい。日本人を信じて！

きっと、三島さんも、そんな私を、友人として許してくれると、そう思っている。

ご清聴、ありがとうございました。

平成二七年一一月二五日

ヘンリー・スコット＝ストークス

三島が訴えていたのは、独立主権国家としての日本の在り方だ。そしてその独立主権国家とは「戦後につくられた日本」ではなく、悠久の歴史を継承してきた「天皇のしろしめす国・日本」である。防人たちが守ろうとした「神国日本」であった。

## 拉致事件は「国家主権の侵犯」である

拉致事件は、北朝鮮による国家犯罪である。そのことに何の疑義もない。しかし、私には、拉致事件は「戦後日本」の矛盾が生んだと、そう思えるのだ。

日本国憲法は、「平和憲法」と呼ばれるが、その「平和憲法」の下で、日本は外国工作員によって主権を侵され、自国民を平然と外国へと拉致されていたのである。その数は、特定失踪者問題調査会の代表である荒木和博氏らによると、四七〇名。さらに警察当局が「拉致の可能性を踏まえて捜査をしている行方不明者」は、八八〇人を超えるという。

「平和憲法」の下で、日本国民が外国の工作員によって堂々と拉致される。そのどこが「平和」であると言うのであろうか。

日本国憲法が、「平和を愛する諸国民の公正と信義に」、日本国民の「生命を委ねる」などという不条理を掲げていなければ、拉致問題はもっと速やかに解決へと向かっていたかもしれない。

実際にレバノンは、北朝鮮に拉致された自国民の返還を要求し、北朝鮮は即座に返還している。理由は素朴だった。北朝鮮が拉致被害者を返還しなければ、レバノンは北朝鮮と戦争をすることも辞さなかった。

憲法九条が、「戦争を放棄する」とか、「軍隊を持たない」と宣言していなければ、日本海を渡って日本の海岸線に近づいた北朝鮮の工作船や不審船は、日本海軍により臨検もされ、場合によっては撃沈されていたであろう。

そのような国へは、工作員も容易に侵入することができない。

「平和憲法」があったために、日本の平和が脅かされ、学校のクラブ活動から帰宅する女子中学生が、外国工作員に拉致されたとしたら、それはブラック・ジョークでは済まされない。

もっと深刻な問題は、海上保安庁も警察も、不審船や工作船の存在、そして拉致の可能性にも気づいていたことだ。

しかし、それを認めさせなかったのが、与党の自民党や野党の社会党、共産党の親北朝鮮勢力だったことだ。日本政府や日本の国会議員が、拉致を見逃すように働きかけていたのだ。この糾弾は、いまだに真剣にされていない。外国の工作員によって、国家主権が侵された事案である。国家として、最も侵されてはならない主権が、侵されたのだ。

## 日本は独立主権を有する国家たれ！

私は、日本は自国の軍隊を持ち、自国民の生命、財産は、まず自国の軍隊が護るべきであると考えている。

軍事同盟は、安全保障の上で重要であり、必要なものである。しかし、それ以上に重要なのは、自国の防衛は、自国の軍隊がまず果たさなければならないということだ。

日本国民の生命、財産は、まず日本が国家として護らなければならない。そのために、軍隊は必要である。

もし、他国の軍隊が、日本国民の生命や財産を脅かすことになったら、「市民」が武器も持たず、どうやってその侵攻から国民を防衛するというのか。まさか、竹やりというわけではないだろう。

国民を護る国軍が、どのような国家にも必要である。そうでなければ、国家の主権を護ることができない。外国の軍隊が侵攻してきたときには、いつでも「アメリカ様」に、代わりに戦ってもらうというのか。そんな国は、独立主権国家ではない。自らの国は、国民自らが、血を流して護る覚悟が必要不可欠なのだ。

私は、いま一般論で言っている。イギリスやフランス、ドイツやイタリアもそう思っていることだろう。韓国も、台湾も、フィリピンも、インドネシアも、ベトナムも、そう思っていると思うのだ。

なぜなら、それぞれの国には、それぞれの国の〝大義〟がある。たとえ同盟を堅持していたとしても、いつでも国益が一致するというものでもない。同じ理念に立っていても、一緒に戦闘をできるとは限らないのだ。だから、自らの国は、自らの国の軍隊が護る必要がある。

例えば、尖閣を護るためにアメリカが中共と戦争をするであろうか。尖閣を護るために、アメリカ市民が血を流すことに、アメリカ市民が熱烈な賛辞を示すであろうか。

尖閣で、仮に戦闘が外国の軍隊と起こった場合、日本の軍隊が対峙するのが当然であろう。そこで、「アメリカ助けて！」と叫んでいるようでは、独立主権国家としてどこの国が認めるであろうか。

拉致問題で言えば、「拉致問題を解決してくれ」と、アメリカに懇願しなければならないようでは、独立主権国家の気概に欠ける。

拉致された自国民は、自らの独立主権国家の尊厳に従って、断固として取り返す気概がなければならない。

## 力なき正義は無能なり

平和は、なにより貴い。しかし、その平和は、時に「力」によってもたらされることもある。正義なき力は、許されるべきではないが、力を伴わない正義も、無能であるのが現実だ。

北朝鮮の工作船が、海上保安庁の警備艇に銃撃を浴びせてきたことがある。海上保安庁側も、警告射撃をしたりしたが、最後には自爆して船を自沈させた。

明らかに、尋常な目的で日本沿岸に近づいたのではないことは明白だ。工作船には、重機関銃やロケットランチャーなど、銃撃や戦闘を前提とした装備をしていた。

こうした工作船や不審船は、横田めぐみさんが拉致された頃、あるいはそれ以前からその出没が確認されていた。

海上保安庁や、必要に応じて「海軍」が、適切な対処をしていれば、もしかしたら拉致は、数百件というような大規模な展開にならなかっただろう。

日本国憲法と九条は、「平和」の理想を掲げているが、拉致問題を例にとってみると、「平和」と正反対の現実を引き起こしてきた。実に、不都合な真実と言えよう。

## 中共にも日本にも「国軍」がない

独立主権国家には、その国家の国益を守るために、国軍が必要だ。それは、侵略戦争を起こそうとか、侵略戦争に加担するという意味ではない。

軍隊を持つと侵略戦争を起こすという公理があるなら、世界中の軍隊を持つ国は、「侵略戦争国家」となってしまう。

軍隊を持つのは、原則、国防のためだ。

逆に、例外的なのは中華人民共和国や朝鮮民主主義人民共和国だろう。軍隊は、国家の軍隊ではなく、「党」の軍隊である。国軍を持たずに、「党」が軍隊を持っているのだ。

日本になぞらえると、「自民党軍」が存在するようなものだ。

そもそも連合国による占領下で、憲法九条に反対し、軍隊を持つことを強硬に訴えたのは、共産党だった。

理由は明白だ。日本が共産化したときに、共産党に「軍」が必要だと判断したからだ。当時、代々木の共産党本部には「武力革命」を遂行するために武器弾薬が隠されていたともいう。

その点、日本に存在する自衛隊は、「自民党軍」でも「共産党軍」でもない。その点は、中共や北朝鮮よりも「国」の実力組織であることは鮮明である。

問題は、憲法下でその実力組織が、「軍隊」としては存在を否定されていることだろう。穿《うが》った見方をすれば、自衛隊は、「アメリカの傭兵」のようにも位置づけられる。三島は、そう市ヶ谷で檄を飛ばした。

もちろん多くの日本人は、自衛隊はアメリカ軍の下にある組織ではないと、そう反論されることだろう。そうあらねばならないし、そうであって欲しい。

ただ、憲法前文と九条を組み合わせると、どうも日本国民の生命と財産を守るのは誰なのかと、訝《いぶか》し気《げ》にならざるを得ない。

憲法前文は、日本国民の生命と財産を、「諸国民の公正と信義に委《ゆだ》ねる」と決意表明をしているのだ。

そして憲法九条は、次のように宣言する。

日本国民は、正義と秩序を基調とする国際平和を誠実に希求し、国権の発動たる戦争と、武力による威嚇又は武力の行使は、国際紛争を解決する手段としては、永久にこれを放棄する。

前項の目的を達するため、陸海空軍その他の戦力は、これを保持しない。国の交戦権は、これを認めない。

日本国は、「自分の国を自分で護る」ことを否定しているのだ。

もちろん、全ての独立主権国家には、自衛権が、個々の人間に「生存権」があるように、当然の権利として存在しているという解釈に立って、この条文は「自衛権」を否定するものではないと、解釈されている。

しかし、この憲法が制定された時点では、連合国（国連）側は、日本には「国軍」を持たせる気はさらさらなかったというのが本当のところだろう。

ここで言う「連合国側」というのは、東京裁判でもそうだが、実質的にはアメリカのことだ。「アメリカと戦争など二度とできないようにする」というのが、憲法の起草者であるアメリカの本音だった。

ところが、朝鮮動乱が勃発したことによって、日本が「戦力」を保持していないことが、連合国（国連）にとって不便になった。

そこで、「警察予備隊」という位置づけで「実力部隊」を発足させ、さらに「自衛隊」へと格上げしていったというのが実情だ。

これはあくまでアメリカの都合で、それに日本が迎合するような形で、憲法と「自衛隊」の整合性は、解釈によって辻褄を合わせてきた。

## 外交は「力」が背景にあってこそ

外交においては、公平さ、正当性の主張、条約や規則の順守など様々な要素が絡み合って交渉が為される。

しかしなんと言っても、「力」の存在は否定し得ない部分がある。

その国の歴史や文化伝統が「力」となることもあるだろうが、直截《ちょくさい》的には「経済力」や「軍事力」となる。

日本は経済力を持っている。外交で、その「経済パワー」は影響力を及ぼす。

「軍事力」であれ、「経済力」であれ、外交は、そうした「力」を背景として行われるのだ。

もちろん、「情報発信力」も大きな力になる。

しかし、最終的に「軍事的オプション」が存在するという現実を否定することはできない。

日本が真に独立主権国家として、国民の生命と財産を護ろうという意思があるならば、やはり「国軍」を持つべきだろう。

## 米朝首脳会談は「軍事圧力」で実現した

米朝首脳会談が実現した。歴史的な出来事が現実に起こったのだ。

では、どうして米朝首脳会談が実現できたのか。

その理由は、明白である。アメリカの軍事力が背景にあったからだ。

二年前に遡って、当時の状況を考えてみよう。

核開発と弾道ミサイル開発に血道を上げ、国際社会の中で孤立を深めていた北朝鮮は、二〇一六（平成二八）年には一月、九月の二回にわたって核実験を実施した。「水爆実験に成功した」と嘯《うそぶ》き、さらにその後も、毎月のようにミサイル発射実験を行うという挑発を続けたのだった。

そうした北朝鮮のたび重なる挑発に対してこれまでアメリカは「戦略的忍耐」を続けてきた。しかし、その忍耐も限界に達していた。

もし北朝鮮が、これ以上開発を続け、弾道ミサイルに搭載可能な核爆弾とアメリカ本土に届く弾道ミサイルの開発に成功したと判断したら、アメリカは躊躇なく北朝鮮攻撃に踏み切っていただろう。

アメリカは、「専守防衛」など考えない。北朝鮮がアメリカに届く核ミサイルを持つ前に、アメリカは必ず北朝鮮を軍事攻撃する。アメリカとは、そういう国なのだ。

もしそうなれば日本も無事ではいられなかった。休戦状態の朝鮮戦争が再び勃発すれば、当然、日本にも、弾道ミサイルが飛来する。悪夢が現実のものとなりかねなかったのだ。
ところが、日本人はどうもさほどの危機感を感じていないようだった。

## 金正恩を震え上がらせた「斬首作戦」

二〇一五（平成二七）年から、アメリカは軍事的オプションの被害を最小限にするために、「正恩斬首作戦」を練っていた。

実際、アメリカは一九九九（平成一一）年の段階で、在韓米軍司令官が、北朝鮮崩壊時に米韓軍が介入するというシナリオと、その実行計画が存在することを認め、「もし我々がそれを保持しなければ、異常事態に陥るだろう」との見解を発表していた。

その計画とは軍事作戦計画「五〇二九」と呼ばれるものだった。北朝鮮でクーデター、革命、大規模亡命、大量脱北、大量破壊兵器流出など体制を揺るがしかねない事態が発生した場合、米韓が協力して事にあたることを前提とした作戦計画だった。そして、その計画は、戦略的忍耐を続ける中でも脈々と生き続けていた。

さらにアメリカは、二〇一五（平成二七）年の段階で、既に朝鮮半島が二〇一七（平成二九）年のような危機的状況を迎えることを予測し、二〇一五（平成二七）年頃からは、北朝鮮に対して「レジーム・チェンジ」というキーワードを用い始めていた。暴走する北朝鮮の金正恩の「体制変換」をしてしまおうという作戦である。

そしてこの軍事作戦計画「五〇二九」を、作戦計画「五〇一五」へとバージョンアップした。二〇一五（平成二七）年のことである。その中に、「金正恩斬首作戦」も含まれていた。

こうした作戦をアメリカが実行するのは、初めてのことではなかった。

二〇一一（平成二三）年五月には、アメリカ同時多発テロ事件の首謀者ウサマ・ビン・ラディンを潜伏先のパキスタンで殺害している。作戦を実行したのは米海軍の特殊部隊「シールズ」だったとされるが、作戦計画「五〇一五」には、ビン・ラディン同様に金正恩を抹殺する計画が織り込まれているというのだ。

## 金正恩のプライオリティは「体制保証」

つまりアメリカは、二〇一五（平成二七）年の段階で、既に北朝鮮に対する軍事作戦として金正恩の抹殺も含む計画を立案し、「実行に移す段階が近づいていた」のである。

前述したように、二〇一六（平成二八）年一月の核実験の直後、北朝鮮は「水爆実験に、成功した」と嘯いた。もちろん、北朝鮮の水爆実験は成功していなかっただろう。しかし、この段階で既に四度にわたる「核実験」が行われており、北朝鮮が核保有国であると、自他共に認めさせる効果を十分に上げていた。

二〇一六（平成二八）年には、なぜか「北朝鮮が体制崩壊する」という噂がまことしやかに流れたこともあった。

この時点で、アメリカは、「北朝鮮が核の小型化に成功し、大陸間弾道ミサイルがアメリカ本土を射程に入れる前に、北朝鮮を攻撃して体制を崩壊させる作戦」を具体的に進める段階に入っていたのだ。

たとえソウルや東京が火の海となったとしても、自国を防衛するためなら、アメリカは迷うことなく北朝鮮を攻撃する。

金正恩は、その恐怖に震え上がり、「太陽政策路線」へと方向転換をしたのだった。

金正恩を心変わりさせたのは、アメリカの軍事力だった。

## 問題は日本である！

米朝首脳会談が実現したことで、一触即発の危機は、少なくとも一時的に遠のいた。

しかし、もし、あのとき朝鮮戦争が再発したら、日本はどう行動するつもりだったのか。

日本人は「平和憲法」が大好きだし、いざとなったらアメリカが助けてくれるだろうなどと思っているかもしれないが、そんな考えはあまりにも甘すぎる。

日本としてどうするべきか、真剣に論議し、有事の際の具体的な段取りをシミュレーションしておくべきなのだ。

「諸国民の公正と信義」に頼っているだけでは、国家の責任を全うできない。日本人の生命と財産をどうやったら守れるのか。

危機管理を徹底するのは、天災でも戦争でも、同じことである。

## 拉致被害者をどうやって救出するのか?

元ＣＩＡ東アジア局長だったアーサー・ブラウン氏の通訳を務めたこともある、翻訳者の藤田裕行氏は次のように指摘する。

例えば、北朝鮮の「レジーム・チェンジ」を想定した場合、独裁者、軍司令官、軍の指揮命令、民衆の群集心理、治安状況、輸送状況などをシミュレーションできるか、それに対する対処戦略・戦術がどれほど現実的に机上演習、あるいは予行演習できるかが機動部隊にとって重要になる。それと同様に、日本人の拉致被害者の救出は、いつ、どこに、誰がいて、どう救出するのか。それが具体的に想定できなければ、救出の初動が遅れる。それは、生存に関わる最も重要な課題だ。

米朝会談があったから、確かに金正恩が国家元首として戦争をいますぐに始めることはないかもしれない。

しかし、米朝会談の合意内容に、北朝鮮の軍部が反発してクーデターが起こる危険性は、まったくゼロとは言えない。

北朝鮮の対米強硬分子が、アメリカや日本でテロを起こす可能性もないとは言えない。

同盟各国が情報共有をし、対処することが重要である。

しかし、日本の国防に関しては、かねてからの課題がある。

一、情報が漏れることがないようにできるか。
二、警察では入れない他国へ侵入し、作戦を実行できる特殊部隊が存在するか。
三、その緊急事態に十分に対処できる法制度が整っているか。

などの点である。

いまこそ日本は、そうした「国防能力」を高める必要に迫られている。憲法を改正して、自衛隊を国軍と位置づけ、ロシアや中共の脅威にしっかりと対抗できる実力を養うことが重要だ。

## いまこそ安倍首相の正念場だ！

米朝首脳会談は、チャンスを日本にももたらしている。

北朝鮮の金正恩委員長が、「破滅より豊かさ」に、方針を切り替えたからだ。

「レジーム・チェンジ」で体制を崩壊させられるくらいなら、資本主義者と組んで、豊かさを追求したほうが明らかに得策だと、そう目覚めたのだろう。

安倍首相が語ったように、「北朝鮮には勤勉で誠実な労働力がある」し、「貴重な資源も豊富にある」のだ。

例えは悪いかもしれないが、「日本の戦後」のような時期を、主権を奪われ占領されることなしに実現できるチャンスが、北朝鮮に訪れようとしている。

金正恩委員長が言っていた「トランプ大統領と共にやりたい巨大事業」とは、国際社会による経済制裁をストップさせ、さらには北朝鮮の繁栄のために、巨大な資本を海外から調達し、それこそリゾート施設や観光アトラクション、北朝鮮の技術水準の高い労働力による高度な技術生産を加速化させることだろう。

もちろん、北朝鮮がそうした明るく輝かしい未来を望むなら、人権問題や言論の自由などの問題をクリアする必要がある。

そこで日本が何をすべきかと言えば、まず「拉致した日本人を全員、日本に帰還させよ」と北朝鮮に訴え、過去の過《あやま》ちを反省させることである。

その上で、権力維持のための情報統制を解除し、インターネットなどを使って自由主義世界の様々なビジネスチャンスや情報にアクセスすることが、制裁や言論弾圧や政治犯の強制労働や処刑に専心するよりもはるかに生産的であることを、北朝鮮のリーダーはもちろん、人民たちに気づかせることだ。

私は、安倍首相はそうしたことを実現できる「運」と「能力」を与えられていると、確信している。

トランプ大統領とスクラムを組んでもアメリカ頼みになることなく、日本の国益をしっかりと貫き、なおかつ北朝鮮の明るい未来をもつくり出す「大仕事」を成し遂げられる人物は、安倍首相をおいてほかにない。

明治新政府が発足して以来一五〇年の日本の歴史の中にあっても、日本の首相として堂々たる立ち位置を確立することができることだろう。

私は、安倍首相が全ての拉致被害者を帰国させ、さらに大きな、日本の国益に資する歴史的な大事業を実現してくれることに、大きな期待と希望を持っている。

# 主要参考・引用文献（順不同）

"Fallacies in the Allied Nations' Historical Perception as Observed by a British Journalist" by HENRY SCOTT STOKES, HAMILTON BOOKS

『英国人記者が見た　連合国戦勝史観の虚妄』ヘンリー・S・ストークス著、藤田裕行訳（祥伝社新書）

『英国人記者が見た　世界に比類なき日本文化』ヘンリー・S・ストークス、加瀬英明共著　藤田裕行訳（祥伝社新書）

『英国人ジャーナリストが見た　現代日本史の真実』ヘンリー・S・ストークス著、藤田裕行訳（アイバス出版）

『連合国戦勝史観の徹底批判！』ヘンリー・ストークス、藤井厳喜共著、藤田裕行編集・翻訳（自由社）

『戦争犯罪国は、アメリカだった！』ヘンリー・S・ストークス著、藤田裕行訳（ハート出版）

『大東亜戦争は日本が勝った』ヘンリー・S・ストークス著、藤田裕行訳・構成（ハート出版）

"Taken! North Korea's Criminal Abduction of Citizens of Other Countries" The Committee for Human Rights in North

「ワシントン北朝鮮人権委員会拉致報告書」チャック・ダウンズ原著・編集、植田剛彦監修（自由社）

「美しい国へ」安倍晋三（文春新書）

「新しい歴史教科書」（自由社）

「元寇はなぜおきたか　日本は何が変わったか」（玉川学園・玉川大学・協同 多賀歴史研究所 多賀譲治）

http://www.tamagawa.ac.jp/sisetu/kyouken/kamakura/genkou/

「なぜ「反日韓国に未来はない」のか」呉善花（小学館新書）

「朝鮮紀行——英国婦人の見た李朝末期」時岡敬子（講談社学術文庫）

「毛沢東　日本軍と共謀した男」遠藤誉（新潮新書）

「戦争を仕掛けた中国になぜ謝らなければならないのだ！」茂木弘道（自由社ブックレット）

「元イスラエル大使が語る神国日本」エリ・コーヘン著　藤田裕行訳・構成（ハート出版）

◆著者◆
**ヘンリー・S・ストークス（Henry Scott Stokes）**
ジャーナリスト。1938年英国生まれ。
1961年オックスフォード大学修士課程修了後、フィナンシャル・タイムズ入社。1964年来日、同年『フィナンシャル・タイムズ』東京支局長、1967年『ザ・タイムズ』東京支局長、1978年『ニューヨーク・タイムズ』東京支局長（兼ソウル支局長）を歴任。三島由紀夫と最も親しかった外国人ジャーナリストとして知られる。
著書に『三島由紀夫生と死』（清流出版）『なぜアメリカは対日戦争を仕掛けたのか』『英国人記者が見た世界に比類なき日本文化』（加瀬英明氏との共著/祥伝社新書）『英国人記者が見た連合国戦勝史観の虚妄』（祥伝社新書）『外国特派員協会重鎮が反日中韓の詐欺を暴いた』（悟空出版）『英国人ジャーナリストが見た現代日本史の真実』（アイバス出版）『目覚めよ！日本』（植田剛彦氏との共著/日新報道）『戦争犯罪国はアメリカだった！』『大東亜戦争は日本が勝った』（ハート出版）などがある。

◆訳・構成◆
**藤田 裕行（ふじた ひろゆき）**

ジャーナリスト。1961年東京生まれ。

日本外国特派員協会プロフェッショナル・アソシエイト。元『国民新聞』論説委員。

上智大学外国語学部比較文化学科中退。

日本テレビ、テレビ東京、ニッポン放送などで、海外情報の取材通訳、字幕翻訳、放送作家を担当。日本武道館での「憲法改正」一万人集会では、安倍首相、櫻井よしこ氏、百田尚樹氏の英語同時通訳を担ったほか、国連ＩＴＵ、米国国防総省、ＣＩＡ幹部の通訳も務めた。

著書に『国体の危機』（アイバス出版）、訳書に『情報立国』（ＮＴＴ出版）、『ギングリッチ』（総合法令出版）、『人種戦争レイス・ウォー』（祥伝社）などがある。ヘンリー・ストークス氏の訳書を次々出版。『英国人記者が見た連合国戦勝史観の虚妄』は、５カ月で１０万部を突破する大ベストセラーとなって注目を集めた。現在はフリーランスのジャーナリストとして、日本外国特派員協会などで英語で取材活動をしている。

元東京・ソウル支局長　ヘンリー・ストークスが語る日朝関係史
**日本大逆転**

平成 30 年 7 月 30 日　第 1 刷発行

著　者　ヘンリー・S・ストークス
訳・構成　藤田　裕行
発行者　日高　裕明
発　行　株式会社ハート出版

〒 171-0014 東京都豊島区池袋 3-9-23
TEL.03(3590)6077　FAX.03(3590)6078
ハート出版ホームページ　http://www.810.co.jp


定価はカバーに表示してあります。

ISBN978-4-8024-0056-5　C0021

印刷·製本／中央精版印刷株式会社

## 元イスラエル大使が語る神国日本

**神代から大東亜戦争、現代まで貫く「日本精神」とは**

日本人とは？　日本国とは？　現代人が忘れている日本人の本質を語る。歴史を通じて書き下ろす、今まで誰も語れなかった最強の日本人論。

エリ・コーヘン 著　藤田裕行 訳・構成
ISBN978-4-8024-0047-3　本体 1600 円

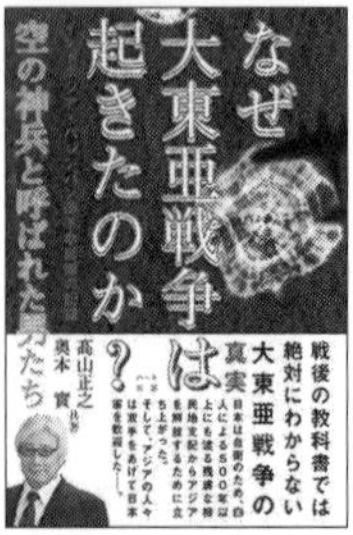


## なぜ大東亜戦争は起きたのか？

**空の神兵と呼ばれた男たち**

日本は、自衛のため、白人による 500 年以上にも渡る残虐な植民地支配からアジアを解放するために立ち上がった。

髙山正之　奥本 實 共著
ISBN978-4-8024-0030-5　本体 1800 円

## 大東亜戦争は日本が勝った

**英国人ジャーナリストヘンリー・ストークスが語る「世界史の中の日本」**

日本よ、呪縛から解放されよ！
「太平洋戦争」はアメリカの洗脳だった。

ヘンリー・S・ストークス 著　藤田裕行 訳・構成
ISBN978-4-8024-0029-9　本体 1600 円

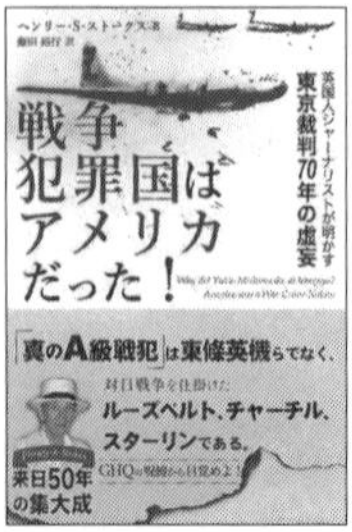


## 戦争犯罪国はアメリカだった

**英国人ジャーナリストが明かす 東京裁判 70 年の虚妄**

ＧＨＱの呪縛から目覚めよ！「真のＡ級戦犯」は、ルーズベルト、チャーチル、スターリンである。

ヘンリー・S・ストークス 著　藤田裕行 訳
ISBN978-4-8024-0016-9　本体 1600 円